iPad 2, 3, Retina, Air, mini avec iOS 7

c'est facile :)

Colette Michel

iPad 2, 3, Retina, Air, mini avec iOS 7 c'est facile

© Éditions First, un département d'Edi8, Paris, 2014

12, avenue d'Italie
75013 Paris - France
Tél. 01 44 16 09 00
Fax 01 44 16 09 01
Courriel : firstinfo@efirst.com
Internet : www.editionsfirst.fr

ISBN : 978-2-7540-6448-4

Dépôt légal : mai 2014
Mise en page : Catherine Kédémos

Imprimé en France par IME, 3 rue de l'Industrie, 25112 Baume-Les-Dames

Table des matières

Bienvenue !   **13**
  ▶ Des tâches illustrées pour vous accompagner   13
  ▶ Des repères pour vous guider   13

Carte d'identité   **14**
  ▶ Comparaison des caractéristiques des modèles iPad   15

1 Découverte et premier démarrage

Première mise en service   **18**
  ▶ Allumez et initialisez l'iPad   18

L'écran verrouillé   **21**
  ▶ Déverrouillez l'écran   22

Découvrir l'écran d'accueil   **22**
  ▶ La barre d'état   23
  ▶ Les applications du dock   24
  ▶ Les applications intégrées   25

Utiliser, recharger et éteindre l'iPad   **27**
  ▶ Rechargez l'iPad   28
  ▶ Éteignez l'iPad   29

Maîtriser l'iPad au quotidien

Apprivoiser l'écran tactile — 32

- Touchez — 32
- Faites glisser — 32
- Balayer ou faites défiler — 33
- Écartez pour agrandir ou zoomer — 34
- Pincez pour rétrécir ou zoomer en arrière — 34
- Touchez et maintenez le doigt — 35
- Touchez le haut de l'écran — 35
- Faites pivoter l'iPad — 35
- Fausse manœuvre : secouez l'iPad — 36
- Gestes pour le multitâche — 36

Applications et bouton principal — 37

- Ouvrez une application — 38
- Quittez une application — 38
- Bouton principal — 38

Maîtriser le clavier — 39

- Disposition du clavier — 39
- Majuscule — 40
- Chiffres et caractères spéciaux — 40
- Caractères accentués — 41
- Trait d'union et guillemets rapides — 41
- Raccourcis de la barre d'espace — 41
- Corrigez avec le dictionnaire — 41
- Corrigez manuellement — 42
- Sélectionnez du texte — 42

Commande Partager — 43

Rechercher dans l'iPad — 44

- Lancez une recherche — 44

Personnaliser son iPad

Personnaliser le fond d'écran et les sons — 46
▶ Modifiez le fond d'écran — 46
▶ Configurez les sons — 48

Personnaliser grâce au Centre de contrôle — 49
▶ Utilisez le Centre de contrôle — 49

Réorganiser les icônes — 51
▶ Déplacez les icônes et agencez votre dock — 51
▶ Créez un dossier de plusieurs icônes — 52
▶ Réinitialisez l'écran d'accueil — 53
▶ Supprimez une application — 53

Utiliser le Centre de notifications — 54
▶ Affichez le Centre de notifications — 54
▶ Définissez les notifications par application — 55

Accessibilité — 56

Siri — 58
▶ Activez et paramétrez Siri — 59
▶ Utilisez Siri — 59

 Naviguer sur le Web avec Safari

Se connecter — 62
▶ Activez la connexion Wi-Fi — 62
▶ Connectez-vous à un réseau Wi-Fi — 62

Naviguer avec Safari — 63
▶ Ouvrez une première page Web — 63
▶ Recherchez une page — 64

Découvrir les outils de Safari 66

Surfer confortablement 67
- Passez en mode paysage 67
- Zoomez 67
- Ouvrez une page dans un nouvel onglet 67
- Utilisez le Lecteur 68

Signets, liste de lecture et historique 68
- Ajoutez un signet 68
- Ouvrez un signet 69
- Utilisez la liste de lecture 69
- Consultez l'historique 70

Partager ou imprimer une page Web 71
- Partagez une page Web 71
- Imprimez une page Web sur une imprimante AirPrint 71

(5) E-mail et messages

Découvrir l'application Mail 74
- Configurez votre compte e-mail 74
- Créez un compte e-mail 75

Gérer le courrier 76
- Lisez votre courrier 77
- Barre d'outils 78
- Ouvrez une pièce jointe 78
- Fausse manœuvre 79
- Ajoutez l'adresse de l'expéditeur dans vos contacts 79
- Répondez à un message ou transférez-le 80
- Envoyez un courriel avec un document 81
- Enregistrez et réutilisez un brouillon 82

Gérer vos boîtes aux lettres 83
- Gérez plusieurs comptes 83
- Utilisez une liste VIP 84
- Recherchez parmi les messages 84

▍ Classez et supprimez des messages   85

Personnaliser votre courrier   86
▍ Modifiez la signature de vos messages   86
▍ Principaux réglages de Mail   87
▍ Mail ne vous suffit pas ?   87

Contacts   87
▍ Ajoutez un nouveau contact   88
▍ Modifiez la fiche d'un contact   89
▍ Recherchez un contact   90
▍ Envoyez un courriel à un contact   90

Messages et FaceTime   91
▍ Messages   91
▍ FaceTime   92

6 Télécharger des applications, des livres et des magazines

Télécharger des applications   94
▍ Découvrez l'App Store   94
▍ Recherchez une application   96
▍ Installez une application   96

L'identifiant Apple   97
▍ Créez un identifiant Apple sans carte bancaire   98
▍ Contraintes de l'App Store et de l'identifiant Apple   99
▍ Modifiez le pays de l'identifiant Apple   99
▍ Changez d'identifiant Apple   100

Lire avec iBooks   101
▍ Téléchargez des livres   101
▍ Lisez un livre   103
▍ Recherchez une page   104
▍ Lisez confortablement   105
▍ Organisez votre bibliothèque   106

Découvrir Kiosque — 106

▶ Chargez un magazine — 106
▶ Lisez un magazine — 107

Une trousse d'applications utiles — 108

▶ Pour tous les jours — 109
▶ Quelques outils — 110
▶ Cultivez-vous — 110
▶ Voyagez virtuellement ou pratiquement — 111
▶ Libérez votre créativité — 111

7 Musique, films et clips vidéos

Garnir la bibliothèque musicale — 114

▶ Créez une bibliothèque musicale dans votre ordinateur — 114
▶ Chargez vos fichiers musicaux dans l'iPad — 115
▶ Synchronisez par Wi-Fi — 116
▶ Achetez de la musique — 117
▶ Accédez à votre liste de souhaits — 118

Écouter de la musique — 118

▶ Démarrez la lecture — 118
▶ Contrôlez la musique — 119
▶ Créez une liste de lecture — 120

Écouter de la musique par Internet — 122

Regarder des films, des séries TV et des clips vidéo — 122

▶ Achetez ou louez des films et des séries TV — 123
▶ Transférez vos vidéos personnelles — 123
▶ Activez le partage à domicile — 125
▶ Regardez vos vidéos — 126

Regarder des vidéos gratuites — 127

Photo et vidéo

Photographier avec l'iPad 130
- ▶ Prenez une photo 130
- ▶ Maîtrisez les réglages 131
- ▶ Filmez 132
- ▶ Capturez l'écran 133

Visionner photos et films 133
- ▶ Parcourez vos photos et vos vidéos 133
- ▶ Organisez vos photos en albums 134
- ▶ Regardez un diaporama 136
- ▶ Faites bon usage de vos prises de vue 137
- ▶ Transférez automatiquement vos photos sur iCloud 139
- ▶ Transférez photos et vidéos vers un ordinateur 140

Libérer sa créativité 141
- ▶ Retouchez vos photos 141
- ▶ Découpez une vidéo 142
- ▶ Photo Booth 142
- ▶ iPhoto et iMovie 143

 Réseaux sociaux et jeux

Facebook 146
- ▶ Configurez votre compte Facebook 146
- ▶ L'application Facebook 147
- ▶ Publiez sur Facebook 149

Twitter 151
- ▶ Configurez l'application Twitter 151
- ▶ Suivez votre fil d'actualité 152
- ▶ Publiez un tweet 154

Autres réseaux sociaux 154

Publier sur Twitter ou Facebook depuis vos applications — 155

- ▶ Publiez depuis Photos — 155
- ▶ Publiez depuis Safari — 156
- ▶ Publiez avec Siri — 157

Télécharger des jeux — 157

- ▶ Applications gratuites ou payantes ? — 158
- ▶ Cherchez des jeux sur l'App Store — 158
- ▶ Renseignez-vous — 159
- ▶ Exigez le mot de passe et interdisez les achats intégrés — 160
- ▶ Utilisez l'accès guidé — 161
- ▶ Découvrez Game Center — 162
- ▶ Quelques suggestions de jeux — 162

Exploiter les applications intégrées

Plans — 166

- ▶ Orientez-vous avec Plans — 166
- ▶ Recherchez une adresse — 167
- ▶ Ajoutez un repère et enregistrez un signet — 168
- ▶ Calculez un itinéraire — 169
- ▶ Localisez vos amis — 170
- ▶ Des cartes sans réseau — 171

Horloge et Calendrier — 171

- ▶ Affichez l'heure — 172
- ▶ Réglez une alarme — 173
- ▶ Chronométrez — 174
- ▶ Programmez le minuteur — 174
- ▶ Retenez des événements avec Calendrier — 175
- ▶ Consultez et gérez les calendriers — 176

Notes et Rappels — 177

- ▶ Prenez des notes — 177
- ▶ Gérez les listes de tâches — 178
- ▶ Affichez une liste — 179

Les applications de bureautique   **180**

11 Synchroniser et sauvegarder

Synchroniser et sauvegarder avec iCloud   **182**
- ▶ Configurez iCloud   182
- ▶ Sauvegardez avec iCloud   183
- ▶ Trousseau iCloud   185

Synchroniser et sauvegarder avec iTunes   **185**
- ▶ Sauvegardez automatiquement avec iTunes   186
- ▶ Sauvegardez manuellement avec iTunes   186

Réinitialiser l'iPad   **187**
- ▶ Réinitialisez l'iPad   188

Restaurer à partir d'iCloud ou d'iTunes   **189**

12 Protection, dépannage et accessoires

Protéger son iPad   **192**
- ▶ Sécurisez avec un code   192
- ▶ Modifiez le délai de verrouillage   193
- ▶ Utilisez les restrictions   194
- ▶ Utilisez « Localiser mon iPad »   195

Améliorer l'autonomie de la batterie   **196**
- ▶ Précautions générales à prendre   196
- ▶ Servez-vous du Centre de contrôle   197
- ▶ Peaufinez les réglages   198

Mon iPad ne répond plus !   **199**
- ▶ Utilisez le mode multitâche   199
- ▶ Fermez une application   200
- ▶ Problème de connexion au réseau Wi-Fi   200
- ▶ Éteignez et redémarrez l'iPad   201

Quelques accessoires utiles   **202**

Index   **203**

Bienvenue !

Bienvenue dans *iPad 2, 3, Retina, Air, mini avec iOS 7 c'est facile* ! Grâce à ce livre, vous allez rapidement vous familiariser avec votre tablette et découvrir ses multiples talents, cachés ou non.

Que faire lors du premier démarrage ? Comment prendre une photo ? Comment ouvrir une page Web ? Comment ajouter une application ? Comment envoyer des courriels ? Voici des exemples de questions auxquelles vous trouverez une réponse simple et claire.

Axé sur l'efficacité et la simplicité, cet ouvrage présente les principales facettes de l'iPad, quel que soit son modèle, et vous enseigne ses fonctions essentielles en mettant l'accent sur la pratique. De nombreuses astuces et suggestions d'utilisation vous aideront à tirer le meilleur profit de votre tablette.

Des tâches illustrées pour vous accompagner

Chaque chapitre reprend un aspect spécifique, organisé par thèmes, et chaque thème regroupe différentes tâches, expliquées pas à pas. De nombreuses captures d'écran, illustrations et légendes vous aideront à localiser les emplacements de chaque commande ou option, et à voir le résultat qu'il est possible d'obtenir. Ainsi clairement guidé, vous effectuerez vous-même sans crainte les manipulations proposées.

Des repères pour vous guider

Chaque tâche est annoncée par une icône indiquant le nombre d'étapes à accomplir pour mener à bien la manœuvre proposée. Pour vous repérer facilement dans le livre, les noms des commandes sont écrits en **gras**. Une icône spéciale attirera votre attention sur une fonction qui n'est pas disponible sur certains modèles d'iPad. Vous retrouverez aussi, au fil des pages, une rubrique unique et essentielle : **c'est facile**. Elle attirera votre attention sur un terme à connaître, une option à envisager, une astuce à retenir ou une erreur à ne pas commettre.

Bonne lecture !

Carte d'identité

① Appareil photo/Caméra FaceTime
② Écran tactile
③ Bouton principal
④ Haut-parleur
⑤ Connecteur à 30 broches ou Lightning
⑥ Boutons de volume sonore

⑦ Bouton latéral pour désactiver le son des alertes ou verrouiller la rotation de l'écran
⑧ Bouton Marche/Veille
⑨ Appareil photo iSight
⑩ Capteur du micro
⑪ Prise écouteur

14

Comparaison des caractéristiques des modèles iPad

Ce tableau ne reprend que les caractéristiques qui diffèrent entre les modèles.

iPad 2

Date sortie	2011
Puce	Apple A5
Réseau mobile	3G
Poids	600-615 gr
Batterie	25 Wh
Connecteur	Dock à 30 broches
Résolution écran	1 024 x 768 pixels
Appareil photo	0,7 Mpx
Caméra FaceTime	0,3 Mpx
Fonctions avancées	–

iPad 3ᴱ GÉNÉRATION

Date sortie	Mars 2012
Puce	Apple A5X
Réseau mobile	3G+ (4G LTE en Amérique du Nord)
Poids	650-660 gr
Batterie	42,5 Wh
Connecteur	Dock à 30 broches
Résolution écran	Retina : 2 048 x 1536 pixels
Appareil photo	5 Mpx
Caméra FaceTime	0,3 Mpx
Fonctions avancées	Siri

iPad 4ᴱ GÉNÉRATION

Date sortie	Novembre 2012
Puce	Apple A6X
Réseau mobile	3G+ (4G LTE en Amérique du Nord)
Poids	650-660 gr
Batterie	42,5 Wh
Connecteur	Lightning
Résolution écran	Retina : 2 048 x 1536 pixels
Appareil photo	5 Mpx
Caméra FaceTime	1,2 Mpx
Fonctions avancées	Siri
	AirDrop

iPad mini

Date sortie	Novembre 2012
Puce	Apple A5
Poids	310 gr
Connecteur	Lightning
Chargeur	5 W
Résolution écran	1 024 x 768 pixels
Appareil photo	5 Mpx
Fonctions avancées	Siri
	AirDrop

iPad Air

Date sortie	2013
Puce	Apple A7
Réseau mobile	3G+ (4G LTE en Amérique du Nord)
Poids	470-480 gr
Batterie	32,9 Wh
Connecteur	Lightning
Résolution écran	Retina : 2 048 x 1536 pixels
Appareil photo	5 Mpx avec zoom vidéo
Caméra FaceTime	1,2 Mpx
Fonctions avancées	Siri
	AirDrop

iPad mini avec écran Retina

Date sortie	2013
Puce	Apple A7
Poids	330-340 gr
Connecteur	Lightning
Chargeur	10 W
Résolution écran	Retina : 2 048 x 1536 pixels
Appareil photo	5 Mpx avec zoom vidéo
Fonctions avancées	Siri
	AirDrop

1

Découverte et premier démarrage

Votre avez entre les mains un iPad tout nouveau pour vous, qu'il soit acheté neuf et à peine sorti de sa boîte, acheté d'occasion ou hérité de votre tante Agathe, et vous hésitez à l'allumer de peur de vous tromper dans la configuration initiale ? Ne craignez rien ! C'est très simple et nous allons vous guider pas à pas, en vous signalant les éléments qui demandent plus d'attention.

Votre iPad est déjà initialisé ? Passez directement à la section « Découvrir l'écran d'accueil » et faites connaissance avec tous les joyaux que recèle votre tablette. Si votre iPad contient des données d'un utilisateur précédent, commencez par le réinitialiser avec l'aide de la section « Réinitialiser l'iPad » du chapitre 11.

DANS CE CHAPITRE

▶ Allumer l'iPad

▶ Première configuration

▶ Déverrouiller l'écran

▶ Découvrir l'écran d'accueil

▶ Visite guidée de l'iPad

▶ Recharger l'iPad

▶ Éteindre l'iPad

APPLICATION PRÉSENTÉE DANS CE CHAPITRE

Réglages

Première mise en service

Un iPad neuf est livré prêt à l'emploi, c'est-à-dire que sa batterie est chargée et qu'il est prêt à démarrer. Si votre iPad n'est pas neuf, allumez-le (étape 1 ci-dessous) et vérifiez le chargement indiqué dans le coin supérieur droit de l'écran. Au besoin, rechargez-le comme indiqué à la fin de ce chapitre. Lors du premier démarrage de l'iPad, vous devez fournir quelques informations et choisir votre configuration. Pas d'inquiétude, c'est très simple et vous ne devrez le faire qu'une seule fois.

Allumez et initialisez l'iPad

1 ▶ ▶Appuyez sur le bouton **Marche/Arrêt** situé au sommet, près de l'objectif de l'appareil photo. Maintenez-le enfoncé quelques instants. Le logo Apple apparaît, suivi de l'écran initial de verrouillage qui vous invite à le faire glisser pour déverrouiller.

2 ▶ Posez le doigt sur l'écran et faites-le glisser vers la droite, dans le sens de la flèche.

3 ▶ Dans la liste des langues, touchez **Français**. Vous pouvez bien entendu choisir une autre langue, mais ce livre s'adresse prioritairement à un lecteur francophone !

4 ▶ Touchez le nom de votre pays dans la liste.

5 ▶ Si l'iPad détecte un réseau Wi-Fi, il vous propose son nom. Touchez-le pour vous connecter. Si le réseau est sécurisé, vous devez saisir le mot de passe d'accès au réseau avec le clavier et appuyer sur la touche **Rejoindre**.

Si vous éprouvez des difficultés à utiliser le clavier virtuel, consultez les explications sur son emploi dans le chapitre 2.

Si l'iPad ne détecte aucun réseau, il est nécessaire d'utiliser la connexion avec un ordinateur disposant du logiciel iTunes. Si votre iPad est un modèle Wi-Fi + Cellular avec un abonnement de connexion mobile en cours de validité, il se connectera automatiquement à Internet même si aucun réseau Wi-Fi n'est détecté.

6 ▶ L'écran suivant vous propose d'activer ou de désactiver la localisation. Ce service permet aux applications qui l'utilisent d'obtenir votre emplacement géographique. Si vous le souhaitez, touchez **Activer la localisation**.

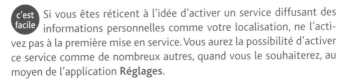 Si vous êtes réticent à l'idée d'activer un service diffusant des informations personnelles comme votre localisation, ne l'activez pas à la première mise en service. Vous aurez la possibilité d'activer ce service comme de nombreux autres, quand vous le souhaiterez, au moyen de l'application **Réglages**.

7 ▶ Vous devez à présent choisir la façon de configurer l'iPad. Si vous aviez précédemment un autre iPad dont vous voudriez récupérer les données, cela est possible à partir d'iCloud ou d'une sauvegarde iTunes. Si vous ne souhaitez pas restaurer d'anciennes données, touchez **Comme nouvel iPad**.

8 ▶ L'écran « Identifiant » vous permet de vous connecter immédiatement aux services Apple à l'aide votre identifiant. Si vous avez déjà eu recours aux services Apple, vous possédez déjà un identifiant, qui est votre nom d'utilisateur, généralement constitué de votre adresse e-mail et sécurisé par un mot de passe. Saisissez votre identifiant et votre mot de passe. Si vous n'avez pas encore d'identifiant Apple, vous pouvez en créer un immédiatement, mais ce n'est pas indispensable. Vous pourrez le créer au moment où vous en aurez besoin. Touchez **Ignorer cette étape**.

c'est facile Avec un identifiant Apple créé préalablement, il vous sera demandé d'entrer des coordonnées de paiement sous la forme d'un numéro de carte de crédit lors de votre première tentative de téléchargement d'une application sur l'App Store, de musique sur iTunes Store ou d'un livre sur l'iBooks Store.

9 ▸ Dans la fenêtre « Êtes-vous sûr ? », touchez **Ignorer**.

10 ▸ L'écran « Conditions générales » vous permet de lire la totalité des conditions générales iOS et les conditions de la garantie légale de l'appareil. Lisez les conditions, puis touchez **Accepter** au bas de l'écran. Confirmez en touchant de nouveau **Accepter** dans la fenêtre de confirmation.

11 ▸ L'iPad vous demande maintenant de saisir un code à quatre chiffres qui sera demandé à chaque allumage de l'iPad. Entrez quatre chiffres au moyen du clavier apparu à l'écran. Si votre code est considéré comme trop facile à deviner (par exemple, 1111), une fenêtre vous suggérera d'en changer. Validez votre saisie ou changez pour un nombre plus complexe. Saisissez une deuxième fois votre code afin de le confirmer.

c'est facile Cette option peut être activée ultérieurement, au moyen de l'application Réglages. Si vous ne souhaitez pas la configurer maintenant, touchez **Ne pas ajouter de code**.

12 ▸ Siri est l'assistant de reconnaissance vocale de l'iPad. Il n'est pas très utile de l'activer dès maintenant. Vous pourrez le mettre en service à tout moment en passant par l'application Réglages. Touchez **Ne pas utiliser Siri**. Reportez-vous au chapitre 3 pour en apprendre plus sur Siri.

 Siri n'est pas disponible sur l'iPad 2.

13 ▶ Dans l'écran « Diagnostic », vous pouvez choisir d'envoyer ou non à Apple des données de votre utilisation, y compris des données concernant votre localisation. Pour en savoir plus, touchez **Diagnostic et confidentialité**, puis choisissez une des deux options : **Envoyer automatiquement** ou **Ne pas envoyer**.

14 ▶ Vous voici enfin parvenu à la fin de votre travail de configuration : bienvenue sur l'iPad ! Touchez **Démarrer**. Vous voyez apparaître l'écran d'accueil.

L'écran verrouillé

Si vous avez délaissé l'iPad plus de quelques minutes, vous avez déjà fait connaissance avec l'écran verrouillé. Afin d'économiser la batterie et d'éviter des manœuvres involontaires, l'iPad se verrouille automatiquement après un délai d'inactivité, c'est-à-dire que son écran s'éteint et devient inactif. Si vous avez créé un code de protection durant l'initialisation, vous devrez aussi introduire ce code après le déverrouillage afin d'accéder à l'écran principal. Vous pouvez régler le délai d'inactivité entraînant le verrouillage de l'écran (consultez le chapitre 12). À vous de choisir entre la sécurité des mesures de protection et l'inconvénient d'avoir à déverrouiller et saisir votre code !

c'est facile Vous pouvez aussi **verrouiller** l'iPad instantanément en appuyant un bref instant sur le bouton **Marche/Veille**, celui qui a servi à allumer l'iPad, placé sur le côté supérieur.

Déverrouillez l'écran

1 ▸ Appuyez sur le **bouton principal**, le seul bouton présent sur la façade de l'iPad. Vous avez 10 secondes pour faire glisser votre doigt sur

l'écran de l'iPad dans le sens indiqué par la flèche.

2 ▸ Si vous avez entré un code de protection, vous devez le composer sur l'écran avant de pouvoir atteindre l'écran d'accueil.

Découvrir l'écran d'accueil

Vous voici devant l'interface principale de votre iPad. C'est l'écran d'accueil qui vous donne accès à toutes les possibilités de votre tablette. Au fil de ce livre, vous allez découvrir comment le modifier, le personnaliser, lui ajouter des éléments, mais dans l'immédiat, nous allons passer en revue les icônes de l'écran initial.

La barre d'état

La ligne supérieure de l'écran est appelée la *barre d'état*. Elle affiche une série de petites icônes fournissant des indications en tout genre : la connexion utilisée, une alarme est définie, l'orientation de l'écran est verrouillée, un fichier audio est à l'écoute, *etc.* Voici la description de quelques indicateurs figurant sur la barre d'état.

-  indique que l'iPad est connecté à un réseau Wi-Fi. Le nombre de barres montre la force du signal. Si votre iPad est connecté par un réseau mobile, le type de connexion est indiqué ici (E, 3G, 4G, *etc.*).
- L'heure actuelle est affichée au centre de l'écran.
- ◢ signale qu'une application utilise le service de localisation.
- ☀ grisée indique que Bluetooth est activé mais qu'aucun appareil n'est connecté.
- 82 % 🔋 montre le niveau actuel de charge de la batterie.

c'est facile Vous trouverez la liste complète des icônes de la barre d'état dans le premier chapitre du mode d'emploi de l'iPad.

Les applications du dock

Une application (parfois abrégée en « app ») est un programme informatique spécialement conçu pour iOS, le système qui fait fonctionner l'iPad. Chaque application est représentée par une icône dans l'écran d'accueil. Vous en apercevez seize dans la partie principale de l'écran et quatre dans la ligne du bas.

Quatre icônes se trouvent dans une barre bleue au bas de l'écran, le *dock*. Ces icônes du dock restent toujours accessibles quelle que soit la fenêtre de l'écran d'accueil. Elles peuvent donc être considérées comme des « applications clés ». Le dock est modifiable et peut recevoir jusqu'à six icônes.

 Voyez le chapitre 3 pour apprendre à personnaliser votre écran d'accueil.

- **Messages.** Une application permettant d'envoyer gratuitement des messages texte de style SMS aux autres utilisateurs d'appareils iOS (iPhone, iPad, iPod Touch et Mac récents).

- **Mail.** Une solution complète de gestion du courrier électronique.

- **Safari.** Un navigateur Web permettant de surfer sur le Web : visiter des pages, créer des signets, enregistrer des pages pour les lire plus tard.

- **Musique.** Un lecteur audio permettant de gérer vos fichiers de musique et de les écouter, y compris en arrière-plan pendant que vous utilisez d'autres applications.

Les applications intégrées

Les seize icônes de la première fenêtre de l'écran d'accueil sont les applications intégrées dans chaque iPad. Elles sont étudiées de façon plus approfondie dans les chapitres suivants, cette présentation générale vise seulement à vous donner une idée des possibilités de votre tablette. Les voici dans leur ordre d'affichage.

- **FaceTime.** L'application qui permet les appels en visioconférence par Wi-Fi entre utilisateurs d'appareils iOS (iPhone, iPad, iPod Touch et Mac récents).

- **Calendrier.** Une application d'agenda complète dans laquelle vous pourrez créer et gérer vos événements, configurer des rappels et incorporer les données provenant d'autres agendas.

- **Photos.** Un outil de classement et d'affichage des photos. Parcourez-les, visionnez-les en diaporama, envoyez-les, partagez-les et plus encore.

- **Appareil photo.** Cette application gère les deux appareils photo, à l'avant et à l'arrière, et permet de prendre photos et vidéos.

- **Contacts.** Gérez vos contacts dans un carnet d'adresses évolué. Reprenez les données des courriels, écrivez des messages depuis le carnet d'adresses, partagez les contacts, entre autres.

- **Horloge.** Affichez l'heure de partout dans le monde. Voyez où il fait jour ou nuit, programmez le réveil, chronométrez le temps. Vous pouvez même vous endormir au son de la musique, en laissant la minuterie se charger de l'arrêter.

- **Plans.** Trouvez l'itinéraire du restaurant ou de votre attraction de la journée, le chemin de l'adresse de vos contacts, votre position actuelle et bien d'autres infos encore.

- **Vidéos.** Visionnez les films et les vidéos que vous louez et achetez sur l'iTunes Store et ceux que vous transférez de votre ordinateur.

- **Notes.** Créez de petites notes sur un bloc-notes avec le clavier et envoyez-les par e-mail, effacez-les, imprimez-les ou enregistrez-les.

- **Rappels.** Une liste de choses à faire. Enregistrez les travaux à terminer, définissez des rappels audio et créez toutes sortes de listes. Pourquoi pas votre liste de courses ?

- **Photo Booth.** Une application de fantaisie qui gère chacun des deux appareils photo de l'iPad et applique des effets spéciaux à l'image obtenue.

- **Game Center.** Une plate-forme de rencontre de joueurs en ligne qui garde la trace de vos jeux, de vos résultats et vous informe sur ceux de vos amis et contacts connectés.

- **Kiosque.** L'application qui contient les magazines que vous achetez ou auxquels vous êtes abonné. Elle donne accès à la section **Publications** de l'iTunes Store.

- **iTunes Store.** L'application par laquelle vous achetez de la musique, des vidéos, des émissions de télé, des livres audio.

- **App Store.** L'application permettant d'obtenir des applications supplémentaires dans tous les domaines, des réseaux sociaux aux applications financières en passant par les jeux.

- **Réglages.** L'application permettant de modifier les options par défaut, de configurer les applications, d'activer et de désactiver les multiples possibilités de votre iPad.

Utiliser, recharger et éteindre l'iPad

Après avoir fait connaissance avec l'écran d'accueil, c'est le moment d'examiner les boutons, connecteurs et outils de l'iPad. Son design très dépouillé simplifie cet examen !

- La façade ne présente qu'un seul bouton au bas de l'écran : c'est le **bouton principal**. Vous l'utiliserez pour allumer l'écran verrouillé quand l'iPad est « endormi », pour revenir à l'écran d'accueil depuis n'importe quelle application, entre autres fonctions.

- Juste au-dessous du bouton principal, se trouve l'emplacement du **connecteur**, *lightning* pour les iPad 4 et Air, *à 30 broches* pour les iPad 2 et 3. C'est ici que vous connecterez le câble de recharge de l'iPad ou que vous l'installerez sur une station d'accueil.

- À côté de ce connecteur se trouve le **haut-parleur** de l'iPad (2, 3, 4). L'iPad Air, comme l'iPad mini, est muni de deux haut-parleurs encadrant le connecteur.

- À l'opposé, sur le côté supérieur de l'appareil, vers la gauche, se trouve la **prise d'écouteurs** permettant de brancher des écouteurs ou un casque standard.

- Au centre du côté supérieur, vous pouvez apercevoir la petite fente du **micro**. L'iPad Air et l'iPad mini Retina sont équipés de deux micros, ce qui permet d'atténuer le bruit de fond.

- Sur la droite du côté supérieur, se trouve le **bouton Veille/ Éveil** ou **Marche/Arrêt**. Un bref appui sur ce bouton « endort » immédiatement l'iPad ou le réveille, selon son état actuel. Un appui prolongé permet de l'allumer ou de l'éteindre, comme vous l'avez fait à son premier allumage.

- Remarquez l'**objectif** de l'appareil photo à l'arrière et celui de la caméra **FaceTime** à l'avant, dans le haut de l'iPad.

- En haut, du côté droit, se trouve le **bouton latéral** qui peut servir à désactiver les alertes audio et les notifications, ou à empêcher la rotation automatique de l'écran lorsque vous faites pivoter l'iPad.

- Juste au-dessous de ce bouton, utilisez les **commandes de volume** pour ajuster le niveau sonore. Pour passer rapidement en mode silencieux, maintenez enfoncé le bouton de volume inférieur.

- Si vous détenez un iPad Wi-Fi + Cellular, la **fente de la carte SIM** se trouve en bas, du côté droit.

Rechargez l'iPad

en **2** étapes

La barre d'état, en haut de l'écran, indique à tout moment le niveau de charge de la batterie. La meilleure méthode pour recharger la batterie, c'est de l'alimenter avec une prise électrique. Les iPad des premières générations ont une batterie moins puissante, qui pourrait se décharger plus vite avec les nombreuses fonctionnalités apportées par iOS 7. Afin de donner une meilleure autonomie à votre appareil, suivez les conseils du chapitre 3 et de la section « Améliorer l'autonomie de la batterie » du chapitre 12.

c'est facile La prise USB peut être connectée à un ordinateur. Si le port USB est assez puissant (ordinateur Mac), il peut recharger la batterie, mais beaucoup plus lentement que la prise électrique. Si le port USB n'est pas assez puissant (c'est le cas de presque tous les PC), l'indication « Aucune recharge en cours » apparaît dans la barre d'état.

1 ▶ Enfoncez le connecteur dans son logement sous le bouton principal ou au dos de l'appareil.

2 ▶ Enfoncez la prise USB dans l'alimentation secteur et branchez-la dans une prise électrique. Un petit éclair apparaît à l'extrémité droite de la barre d'état pour signaler le chargement en cours.

c'est facile **Attention** ! L'iPad peut se **décharger** s'il est connecté à un concentrateur USB ou à un ordinateur éteint ou en mode veille.

 Éteignez l'iPad

Il n'est pas nécessaire d'éteindre souvent l'iPad. Sa consommation en mode Veille est extrêmement réduite. Vous l'éteindrez lorsque vous penserez vous en passer pour une longue période.

1 ▶ Appuyez longuement sur le bouton **Veille/Éveil** sur le côté supérieur de l'iPad.

2 ▶ Quand apparaît un curseur rouge indiquant « Éteindre », faites-le glisser vers la droite. Touchez **Annuler** si vous décidez de ne pas l'éteindre.

Maîtriser l'iPad au quotidien

Vous avez découvert l'iPad et son écran d'accueil, et vous voilà très impatient de passer à l'action. Bienvenue dans votre iPad ! Son fonctionnement est très intuitif, mais il recèle aussi de nombreux trésors cachés. Nous allons vous les dévoiler l'un après l'autre.

Si vous avez l'habitude de travailler avec un ordinateur et une souris, oubliez vos habitudes, vous allez rapidement en acquérir d'autres. Et si l'iPad est votre premier contact avec la technologie de pointe, tant mieux, vous n'aurez pas de mauvais réflexes !

DANS CE CHAPITRE

▶ Apprivoiser l'écran tactile

▶ Retourner et secouer l'iPad

▶ Utiliser les applications

▶ Maîtriser le clavier

▶ Sélectionner du texte

▶ Partager des photos

▶ Rechercher dans l'iPad

APPLICATIONS PRÉSENTÉES DANS CE CHAPITRE

Plans

Notes

Apprivoiser l'écran tactile

Dans l'iPad, presque tout se fait par l'écran. Vous devez absolument connaître les gestes simples qui vous permettront d'interagir avec votre tablette par l'intermédiaire de son écran. Nous allons utiliser l'application Plans qui est un bon exemple pour mettre en pratique tous les gestes essentiels.

Touchez

Le premier geste de base est « toucher ». Il consiste à toucher la surface de l'écran du bout du doigt. Vous touchez pour lancer une application, pour sélectionner une option, pour choisir une touche de clavier ou pour déclencher la prise d'une photo. Par exemple, touchez l'icône **Plans** pour ouvrir l'application correspondante.

C'est facile Si vous avez activé la localisation, l'application Plans s'ouvre sur une carte centrée sur votre localisation actuelle, marquée par un repère bleu.

Faites glisser

Pour « faire glisser », posez le doigt n'importe où sur la carte et *faites-le glisser* sur l'écran. La carte se déplace avec votre doigt.

C'est la technique que vous utilisez pour déverrouiller l'écran.

Balayer ou faites défiler

Pour « balayer », votre geste doit être rapide, un peu comme lorsque vous feuilletez en vitesse les pages d'un livre. Passez rapidement le doigt sur l'écran dans une direction choisie en lâchant l'écran en fin de course. La carte défile dans le sens voulu et le défilement continue lorsque votre doigt quitte l'écran. Vous pouvez stopper immédiatement le défilement en touchant l'écran.

Écartez pour agrandir ou zoomer

Pour agrandir l'image dans l'écran, placez le pouce et l'index sur l'écran autour du point que vous voulez agrandir, puis « écartez » les doigts en les faisant glisser sur l'écran. Vous pouvez recommencer pour zoomer encore.

Dans beaucoup d'applications, il est aussi possible de zoomer en tapant deux fois rapidement.

Pincez pour rétrécir ou zoomer en arrière

À l'inverse de la technique précédente, touchez avec deux doigts écartés et rapprochez-les ou « pincez » en glissant sur l'écran pour diminuer l'échelle de l'image. Vous pouvez ainsi ajuster finement le niveau de zoom par l'écartement de vos doigts. Dans l'application Plans, vous pouvez aussi zoomer en arrière en tapant avec deux doigts ensemble.

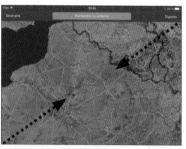

Touchez et maintenez le doigt

Maintenir le doigt sur un élément est souvent la technique requise pour ouvrir une fenêtre d'options concernant l'élément touché. C'est de cette manière que vous accédez à la plupart des commandes ou des options dans les applications. Par exemple, dans Plans, maintenez le doigt sur le « i encerclé » dans le coin inférieur droit de l'écran pour afficher une série de commandes. Touchez l'écran à l'extérieur de cette fenêtre pour la refermer.

Touchez le haut de l'écran

Lorsque vous faites défiler une longue page vers le bas, qu'il s'agisse d'une page Web ou d'une série de photos, touchez le haut de l'écran pour revenir immédiatement en haut de la page.

Faites pivoter l'iPad

La très grande majorité des applications sont conçues pour fonctionner aussi bien en « mode portrait » (format plus haut que large) qu'en « mode paysage » (plus large que haut). Pour passer d'un mode à l'autre, faites simplement pivoter l'iPad et l'écran s'ajustera automatiquement. Dans l'application Plans, par exemple, la carte de la Bretagne est plus pratique à consulter en mode paysage.

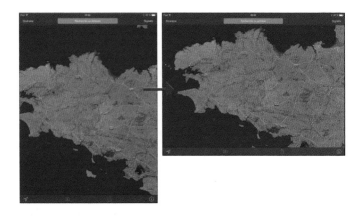

 Si vous souhaitez bloquer l'écran dans une orientation, afin qu'il maintienne celle-ci quels que soient vos mouvements, vous pouvez utiliser le bouton latéral ou le Centre de contrôle (vous trouverez plus d'informations sur le Centre de contrôle dans le chapitre 3).

Fausse manœuvre : secouez l'iPad

Lorsque vous venez de faire une fausse manœuvre, par exemple, supprimer une photo par erreur, tout espoir n'est pas perdu !

1 ▶ Secouez l'iPad. Une fenêtre apparaît, vous proposant d'annuler la dernière action.

2 ▶ Touchez **Confirmer** pour annuler cette dernière action, c'est-à-dire récupérer l'élément supprimé, ou **Annuler** pour laisser l'élément dans la Corbeille.

Bien sûr, toutes les actions ne sont pas réversibles. Vous aurez beau secouer l'iPad, le message que vous venez d'envoyer ne reviendra pas ! Certaines applications ne reconnaissent pas cette action. Mais vous pouvez ainsi récupérer un texte, une photo ou un message qui vient d'être supprimé.

Gestes pour le multitâche

Lorsque cette option est activée dans les Réglages, plusieurs manœuvres à quatre ou cinq doigts sont reconnues par l'iPad.

- Pincez l'écran avec le pouce et trois ou quatre doigts pour revenir à l'écran d'accueil depuis n'importe quelle application.

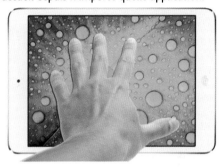

- Dans une application, passez à une autre application en balayant l'écran vers la droite ou la gauche avec quatre ou cinq doigts.

- Balayez l'écran vers le haut avec quatre ou cinq doigts pour faire apparaître la barre multitâche (voyez la section suivante et le chapitre 12) ou vers le bas pour la faire disparaître.

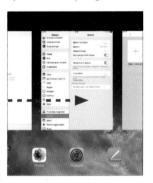

Ces gestes à plusieurs doigts présentent un inconvénient : si l'un de vos doigts touche l'écran avant les autres, iPad peut interpréter ce contact comme un « toucher » et lancer une action selon l'endroit touché, alors que ce n'était pas votre intention.

Applications et bouton principal

Avec l'iPad, toute action est effectuée par une application. L'application Appareil photo pour prendre une photo, l'application Safari pour aller sur le Web, *etc.*

Ouvrez une application

1 ▶ Trouvez l'icône de l'application à ouvrir dans l'écran d'accueil. Si celui-ci contient plusieurs fenêtres, faites-les défiler de droite à gauche ou de gauche à droite pour afficher l'icône voulue.

 La recherche permet aussi de trouver une application. Consultez la section « Rechercher dans l'iPad », plus loin dans ce chapitre.

2 ▶ Touchez l'icône. L'application se lance.

 Quittez une application

Les applications n'ont pas de bouton ou de commande de fermeture. Pour quitter une application :

1 ▶ Appuyez sur le bouton principal. Vous revenez à l'écran d'accueil.

Bouton principal

Ce seul bouton de la façade de l'iPad est la clé de plusieurs fonctions essentielles :

- Activer l'**écran de verrouillage** lorsque l'iPad est en mode Veille. Vous déverrouillerez en faisant glisser l'écran vers la droite.

- **Quitter** immédiatement l'application en cours et revenir à l'écran d'accueil. Si votre écran d'accueil comporte plusieurs fenêtres, le bouton principal vous ramène dans la dernière utilisée. Pour revenir à la première fenêtre de l'écran d'accueil, appuyez encore une fois sur le bouton principal.

- Ouvrir le **mode multitâche** qui présente toutes les apps ouvertes. Vous y accédez par deux appuis rapides sur le bouton. Faites défiler les applications et touchez une application ouverte pour la rouvrir immédiatement.

- **Démarrer Siri** en appuyant longuement sur le bouton (voyez le chapitre 3 pour en savoir plus sur Siri). Il faut que Siri soit activé et que vous soyez connecté à Internet.

 Siri n'est pas disponible sur l'iPad 2.

Maîtriser le clavier

Sitôt que vous touchez une zone de saisie, le clavier virtuel apparaît. Il est semblable à un clavier d'ordinateur, mais il recèle plusieurs astuces qu'il est intéressant de connaître. Lancez l'application **Notes** pour tester le clavier.

❶ Majuscule
❷ Chiffres et caractères spéciaux
❸ Effacer le dernier caractère
❹ Fin de paragraphe/ Retour à la ligne
❺ Masquer le clavier

Disposition du clavier

Par défaut, le clavier est ancré dans le bas de l'écran, mais d'autres configurations sont disponibles. Il peut être placé à mi-hauteur et être scindé en deux parties, ancrées dans chacune le long d'un côté et permettant ainsi la saisie avec les pouces, en tenant la tablette à deux mains.

- Pour placer le clavier à mi-hauteur de l'écran, maintenez le doigt sur la touche ▦, puis faites-le glisser sur **Détacher**. Pour le renvoyer à son emplacement initial, utilisez **Ancrer**.

- Pour scinder le clavier, placez deux doigts au centre du clavier et écartez-les vers les côtés. Le clavier se divisera en deux parties ancrées à chaque côté de l'écran. Ceci fonctionne aussi bien avec le clavier à mi-hauteur qu'avec le clavier ancré au bas de l'écran. Faites le mouvement inverse pour fusionner les deux parties de clavier.

Majuscule

- Touchez ⬆ pour saisir le prochain caractère en majuscule ou bien touchez ⬆ et faites-la glisser sur le caractère à mettre en majuscule.

- Touchez deux fois rapidement la touche ⬆ pour verrouiller le mode Majuscule. Tous les caractères seront en majuscules jusqu'à ce que vous touchiez de nouveau la touche ⬆.

Chiffres et caractères spéciaux

1 ▶ Pour accéder aux chiffres et aux caractères spéciaux, touchez le bouton `.?123`, à côté de la barre d'espace. Des caractères spéciaux supplémentaires se cachent encore derrière la touche `#+=`.

2 ▶ Pour revenir aux caractères alphabétiques, touchez le bouton devenu `ABC`.

Caractères accentués

Pour saisir un caractère accentué, maintenez le doigt sur le caractère puis, sans quitter l'écran, faites-le glisser sur la variante de votre choix.

Trait d'union et guillemets rapides

- Pour saisir rapidement un trait d'union sans passer par le clavier des chiffres, maintenez le doigt un instant sur la touche ⌨ ? , puis relâchez-la.

- Pour saisir rapidement des guillemets droits, maintenez le doigt un instant sur la touche ⌨ : , puis relâchez-la.

Raccourcis de la barre d'espace

- Pour terminer automatiquement une phrase par un point et une espace, à la fin du dernier mot, tapez deux fois sur la barre d'espace.

- Le dictionnaire peut vous aider à taper plus vite : lorsque vous saisissez une partie d'un mot reconnu, une bulle suggère le mot complet. Pour accepter la suggestion et compléter le mot, touchez la barre d'espace. Touchez la bulle pour refuser la suggestion.

Corrigez avec le dictionnaire

Le **dictionnaire** souligne les mots mal orthographiés en rouge pointillé et vous propose une correction si vous touchez le mot concerné.

1 ▶ Touchez le mot souligné en rouge.

2 ▶ Une bulle s'affiche, contenant une ou plusieurs suggestions de remplacement. Touchez le mot choisi.

Corrigez manuellement

Si vous repérez une erreur dans un texte saisi, utilisez la loupe.

1 ▶ Touchez et maintenez le doigt sur le mot à l'endroit approximatif de l'erreur. Ne relâchez pas le doigt. Une loupe apparaît, centrée sur le point d'insertion (la ligne bleue). Faites

glisser la loupe pour placer le point d'insertion à l'endroit précis à corriger.

2 ▶ Saisissez le texte ou effacez les caractères pour corriger le texte.

3 ▶ Touchez l'endroit où vous souhaitez reprendre la saisie.

Sélectionnez du texte

Vous pouvez sélectionner des caractères, des mots ou des portions entières de texte et les couper, les copier ou les coller, y compris d'une application à l'autre.

- Pour sélectionner un mot, touchez-le rapidement deux fois. Dans un texte en lecture seule comme une page Web, maintenez le doigt dessus.

- Pour sélectionner une portion de texte :

1 ▶ Touchez le texte à sélectionner. Le point d'insertion apparaît dans le texte.

2 ▶ Touchez le point d'insertion. Une bulle propose deux options permettant de sélectionner le mot touché ou le texte complet.

3 ▶ Faites glisser chacune des poignées entourant la sélection jusqu'à définir la taille exacte du texte à

sélectionner, puis touchez la commande choisie dans la bulle.

Commande Partager

Dans de nombreuses applications, l'icône Partager
propose une fenêtre d'options de partage (ces options
varient selon l'application). La fenêtre est divisée en
trois sections.

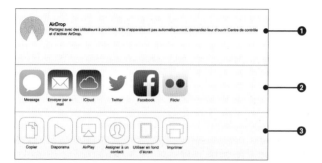

- AirDrop est une nouveauté d'iOS 7 permettant l'échange direct
  de photos, de vidéos, d'adresses de pages Web, de lieux ou
  d'autres éléments entre appareils Apple. AirDrop détecte les autres
  utilisateurs d'AirDrop à proximité (dans un rayon de 10 mètres) et
  leur propose le partage. Les transferts sont chiffrés par sécurité.

 AirDrop n'est pas disponible sur les iPad 2 et iPad 3.

- La deuxième section présente les applications au moyen desquelles
  vous pouvez partager ce fichier. Leur nombre varie en fonction du
  fichier et des applications installées dans votre iPad.

- La troisième section donne la liste des actions locales possibles
  avec ce fichier.

Rechercher dans l'iPad

Une fois que vous aurez ajouté à votre iPad des applications, des contacts, des notes, des événements, des vidéos et des morceaux de musique, les recherches risquent de devenir de plus en plus nécessaires. De nombreuses applications proposent un champ de recherche qui leur est propre, mais l'iPad lui-même comprend un outil de recherche qui peut fouiller partout dans votre tablette.

Lancez une recherche

1 ▶ Dans n'importe quelle fenêtre de l'écran d'accueil, touchez un espace libre entre les icônes, en évitant la barre d'état tout en haut, et faites glisser vers le bas.

2 ▶ Utilisez le clavier pour saisir le mot ou l'expression à rechercher. La liste des résultats évolue au fur et à mesure de votre saisie. Les résultats sont classés par types. Touchez **Rechercher** dans le clavier pour faire disparaître celui-ci et afficher la liste complète.

3 ▶ Touchez un élément de la liste pour l'ouvrir.

Personnaliser son iPad

Pour bien prendre possession de votre iPad, mettez-le à votre image. Modifiez son fond d'écran, faites cesser les bruits qui vous dérangent tout en laissant vos applications préférées vous transmettre des messages. Apprenez à le déconnecter ou à verrouiller son orientation en quelques mouvements, et découvrez les outils prodigieux qu'il peut mettre à votre service pour pallier la moindre déficience de la vision, de l'audition ou de la motricité. Il peut lire vos messages à voix haute et il est même capable d'écrire sous votre dictée !

DANS CE CHAPITRE

- Changer le fond d'écran
- Configurer les sons
- Utiliser le Centre de contrôle
- Réorganiser l'écran d'accueil
- Gérer les notifications
- Employer les outils d'accessibilité
- Découvrir Siri

APPLICATION PRÉSENTÉE DANS CE CHAPITRE

Réglages

Personnaliser le fond d'écran et les sons

Rien de tel que mettre une de vos images favorites comme fond d'écran pour avoir en main « votre iPad » ! Vous avez d'ailleurs deux emplacements à personnaliser puisque vous pouvez aussi choisir une image pour garnir l'écran verrouillé. N'importe quelle image enregistrée dans votre iPad peut être utilisée, qu'il s'agisse d'une des images préinstallées par Apple (une trentaine environ) ou d'une photo que vous avez prise, reçue par e-mail, téléchargée depuis le Web ou synchronisée depuis votre ordinateur. Quant aux alertes sonores, elles sont appréciées par certains et détestées par d'autres ! Apprenez à les régler exactement à votre goût.

Modifiez le fond d'écran

1 ▶ Dans l'écran d'accueil, touchez **Réglages**.

2 ▶ Dans la liste Réglages, touchez **Fond d'écran et luminosité**.

3 ▶ Dans le panneau droit, touchez la zone blanche contenant les deux images actuelles de l'écran verrouillé et de l'écran d'accueil.

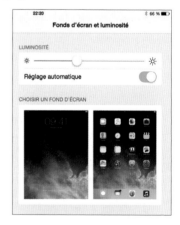

4 ▶ Si des photos sont présentes dans votre iPad, vous pouvez y accéder directement à partir d'ici, dans la section Photos. Si vous n'avez encore aucune photo personnelle, vous obtiendrez seulement l'option Fond d'écran. Touchez n'importe quel dossier pour voir les images qu'il contient.

 Attention, les fonds d'écran dynamiques sont gourmands en énergie ! Évitez-les pour optimiser l'autonomie de votre batterie.

5 ▶ Lorsqu'une image vous convient, touchez-la et elle s'affiche en plein écran. En haut de l'écran, la commande **Recadrer** permet d'ajuster l'image à votre goût. Vous pouvez agrandir l'image en zoomant et la cadrer en la faisant glisser dans la fenêtre. Vérifiez le cadrage dans

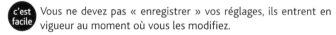

les deux orientations. Au bas de l'écran, vous trouvez les options suivantes :

- **Annuler.** Permet de revenir à l'écran précédent sans rien modifier.
- **Écran verrouillé.** Pour appliquer cette image à l'écran verrouillé.
- **Écran d'accueil.** Pour appliquer cette image à l'écran d'accueil.
- **Les deux.** Pour appliquer l'image aux deux écrans.

 Vous ne devez pas « enregistrer » vos réglages, ils entrent en vigueur au moment où vous les modifiez.

6 ▶ Pour quitter l'application Réglages, appuyez sur le bouton d'accueil.

Vous pouvez aussi modifier le fond d'écran directement depuis une photo dans l'application Photos. Affichez la photo et touchez l'icône ⬆, puis touchez **Utiliser en fond d'écran**.

Configurez les sons

Différents types de messages sonores sont utilisés pour vous avertir de nombreux événements. Vous pouvez choisir que l'iPad n'émette aucun son ou seulement certains.

1 ▶ Dans l'écran d'accueil, touchez **Réglages**.

2 ▶ Dans la liste Réglages, touchez **Sons**.

3 ▶ Pour modifier la sonnerie signalant l'arrivée d'un appel FaceTime, touchez **Sonnerie**. Touchez le nom de la sonnerie choisie, puis touchez < **Sons** dans le haut de la page pour revenir à la liste des options.

 Touchez chaque nom pour entendre la sonnerie correspondante, en faisant défiler la page pour atteindre le reste de la liste. L'option **Classique** ouvre une autre série de sons. Le son écouté étant attribué à la sonnerie, vous devez terminer en touchant le son à utiliser. L'option **Aucun** n'est pas proposée pour la sonnerie.

4 ▶ Les autres types de sons sont des alertes qui sont jouées à une seule reprise. Touchez un nom pour accéder à la liste des sons disponibles. Vous pouvez désactiver une alerte en lui attribuant **Aucun**.

5 ▶ Faites glisser le curseur respectif en position désactivée pour supprimer le son émis au verrouillage de l'écran ou lorsque vous utilisez le clavier.

6 ▶ Utilisez le curseur du haut de la page pour régler le volume des sons ou activez le curseur **Utiliser les boutons** pour régler le volume à l'aide des boutons externes.

Personnaliser grâce au Centre de contrôle

Le Centre de contrôle permet d'accéder rapidement à une série de commandes comme l'ajustement du volume et de la luminosité, le verrouillage de l'orientation, le déclenchement de la minuterie ou l'activation du **Mode Avion** ou **Ne pas déranger**.

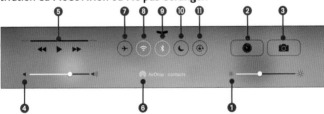

❶ Luminosité
❷ Minuteur
❸ Appareil photo
❹ Volume
❺ Commandes audio
❻ AirDrop et AirPlay

❼ Mode Avion
❽ Wi-Fi
❾ Bluetooth
❿ Ne pas déranger
⓫ Verrouillage de l'orientation

Utilisez le Centre de contrôle

1 ▶ Faites glisser l'écran vers le haut à partir de sa bordure inférieure (même s'il est verrouillé). Le Centre de contrôle apparaît.

2 ▶ Faites glisser le curseur de luminosité pour ajuster celle-ci.

49

L'éclairage de l'écran est la principale cause du déchargement de la batterie. Adaptez la luminosité à vos besoins réels.

3 ▶ Touchez l'icône **Minuteur** ou l'icône **Appareil Photo** pour lancer immédiatement l'application **Horloge** en mode minuteur ou l'appareil photo.

4 ▶ Faites glisser le curseur de volume et gérez les commandes de lecture de la musique.

5 ▶ Touchez le bouton **AirDrop** pour activer ou désactiver la détection de votre iPad par d'autres utilisateurs d'iOS 7 à proximité.

 L'utilisation d'AirDrop augmente la consommation énergétique. Désactivez-le si vous n'en avez pas l'usage.

 AirDrop n'est pas disponible sur iPad 2 et iPad 3.

6 ▶ Touchez le bouton **AirPlay** (disponible seulement si un périphérique AirPlay est détecté) pour activer la connexion à des périphériques compatibles AirPlay et permettre la diffusion sans fil de musique, de photos et de vidéos.

7 ▶ Touchez le bouton **Ne pas déranger** 🌙 pour réduire l'iPad au silence en coupant les alertes et les sonneries d'appel. Touchez le bouton **Mode Avion** ✈ pour désactiver instantanément toutes les fonctions sans fil de l'iPad : Wi-Fi, Bluetooth et éventuellement réseau mobile. Les boutons **Wi-Fi** 📶 et **Bluetooth** 🔵 activent et désactivent respectivement ces modes de connexion.

Le **mode Avion** désactive les fonctions sans fil, mais vous pouvez utiliser toutes les fonctions « locales » de votre iPad : prendre des photos, écouter de la musique, profiter de toutes les applications non connectées. Il est utile en avion, bien sûr, et à l'étranger, lorsque vous ne voulez pas encourir des frais de connexion élevés, mais il permet aussi d'économiser la batterie en stoppant toutes les activités et communications sans fil effectuées en arrière-plan par iOS 7.

8 ▶ Touchez **Verrouiller l'orientation** 🔄 pour empêcher l'écran de pivoter en fonction des mouvements de l'appareil. L'écran sera bloqué dans son orientation actuelle.

c'est facile L'option **Ne pas déran-ger** peut être configurée depuis les Réglages. Très pratique pour restreindre les alertes et les communications, sans éteindre l'iPad. Vous pouvez mettre en vigueur automatiquement le mode **Ne pas dé-ranger** durant une plage de temps définie, par exemple la nuit ou pendant une conférence, et autoriser ou non les appels provenant de certains contacts.

Réorganiser les icônes

L'organisation des icônes dans l'écran d'accueil est entièrement personnalisable. Vous pouvez en placer six, au choix, dans le dock et créer jusqu'à dix nouvelles pages d'écran d'accueil pour répartir et organiser à votre goût toutes vos icônes.

en 5 étapes ## Déplacez les icônes et agencez votre dock

1 ▶ Maintenez votre doigt pendant une seconde environ sur une icône de l'écran d'accueil. Les icônes se mettent à osciller.

2 ▶ Réorganisez les icônes en les faisant glisser.

51

Les autres icônes se déplacent afin de combler la place de l'icône déplacée. Il ne peut y avoir un espace vide entre deux icônes.

3 ▶ Le dock peut recevoir un maximum de six icônes. Commencez par en extraire les icônes non désirées, puis ajoutez vos favorites.

4 ▶ Pour créer une nouvelle page de l'écran d'accueil, faites glisser une icône vers l'extrémité droite de l'écran. Maintenez-la un instant sur la bordure  de l'écran. Lorsque vous voyez apparaître un nouveau point dans la série de petits points juste au-dessus du dock, lâchez l'icône. Le point blanc indique quelle page de l'écran d'accueil est affichée.

5 ▶ Lorsque vous avez terminé, appuyez sur le bouton principal. Les icônes cessent d'osciller.

Créez un dossier de plusieurs icônes

1 ▶ Maintenez votre doigt sur une icône de l'écran d'accueil. Les icônes se mettent à osciller.

2 ▶ Touchez une icône et faites-la glisser sur une autre icône.

3 ▶ Un nouveau dossier est créé. Touchez l'écran à côté du dossier pour le refermer.

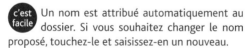 Un nom est attribué automatiquement au dossier. Si vous souhaitez changer le nom proposé, touchez-le et saisissez-en un nouveau.

4 ▶ Pour placer une autre icône dans le dossier, faites-la glisser dessus. Chaque groupe peut contenir trois pages de neuf icônes.

5 ▶ Lorsque vous avez terminé, appuyez sur le bouton principal.

 Pour supprimer un dossier, faites glisser toutes ses icônes à l'extérieur.

Réinitialisez l'écran d'accueil

Si votre écran d'accueil modifié ne vous convient plus, au lieu de déplacer les icônes une à une, vous pouvez lui rendre sa disposition d'origine en une manœuvre.

1 ▶ Dans l'écran d'accueil, touchez **Réglages**.

2 ▶ Touchez **Général**.

3 ▶ Touchez **Réinitialiser**, la dernière option du bas.

4 ▶ Touchez **Réinitialiser l'écran d'accueil**.

5 ▶ Dans le message de confirmation, touchez **Réinitialiser**.

Supprimez une application

1 ▶ Maintenez votre doigt sur une icône de l'écran d'accueil. Les icônes se mettent à osciller.

2 ▶ Touchez la croix apparue dans le coin supérieur gauche de l'icône.

 c'est facile Il n'est pas possible de supprimer les applications préinstallées de l'iPad.

3 ▶ Confirmez la suppression en touchant **Supprimer**. L'application est supprimée de l'iPad en même temps que son icône.

c'est facile Si vous souhaitez ultérieurement réinstaller une application que vous aviez achetée et supprimée, l'historique de son achat est conservé dans l'App Store et vous pourrez la télécharger à nouveau gratuitement.

4 ▶ Appuyez sur le bouton principal.

Utiliser le Centre de notifications

Les notifications sont des alertes et des messages transmis par les applications. Elles signalent, par exemple, la réception d'un e-mail, le rappel d'un événement, l'arrivée d'une nouvelle, *etc*. Les notifications sont affichées au moment de la réception, mais elles sont aussi regroupées dans le Centre de notifications. Elles peuvent être de différents types : pastilles, bannières, sons ou alertes.

- **Son.** Effet sonore émis lorsqu'un événement relatif à une application se produit.
- **Bannière.** Message qui apparaît brièvement au sommet de l'écran sans interférer avec votre occupation en cours. En touchant la bannière, vous basculez immédiatement dans l'application concernée.
- **Alerte.** Message qui s'ouvre au centre de l'écran. Vous devez répondre au message avant de pouvoir continuer l'action en cours.
- **Pastille.** Petite icône rouge qui apparaît dans le coin supérieur droit de l'icône d'application. Elle affiche généralement un nombre correspondant au nombre d'éléments reçus ou nouveaux.

en 4 étapes

Affichez le Centre de notifications

Le Centre de notifications présente de façon centralisée toutes les informations signalées comme importantes : alertes reçues, appels manqués... Il présente également dans la section Aujourd'hui les événements de la journée avec un aperçu de la météo du jour (si la localisation est activée) et un résumé des événements prévus pour le lendemain.

1 ▶ Touchez le haut de l'écran, verrouillé ou non, y compris dans une application, et faites glisser vers le bas pour ouvrir le **Centre de notifications**.

2 ▶ Touchez **Tout** pour afficher toutes les notifications reçues, avec l'heure de la réception. Touchez **Manqués** pour lire seulement les notifications non lues.

3 ▶ Touchez une notification pour ouvrir et afficher l'application concernée. La notification est alors supprimée du Centre de notifications.

4 ▶ Pour fermer le Centre de notifications, appuyez sur le bouton principal ou faites-le glisser vers le haut.

en **6** étapes

Définissez les notifications par application

Toutes les alertes et notifications sont paramétrables, application par application, depuis les Réglages.

1 ▶ Touchez **Réglages** ▶ **Centre de notifications**.

2 ▶ Dans la première section, **Accès sur écran verrouillé**, vous choisissez d'activer ou non l'accès au Centre des notifications lorsque l'écran est verrouillé et d'y inclure ou non l'affichage du jour. La section **Affichage du jour** vous laisse définir ce qui composera la section **Aujourd'hui**. Touchez **Modifier** (en haut de l'écran) pour réorganiser l'ordre de certains éléments.

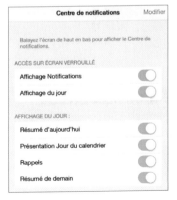

3 ▶ Dans la section **Affichage Notifications**, vous définissez si les notifications seront groupées par applications avec **Trier manuellement** ou affichées chronologiquement avec **Trier par heure**.

4 ▶ Dans la section **Inclure** se trouvent les applications dont les notifications seront regroupées dans le Centre de notifications. Les applications non retenues sont listées plus bas dans la section **Ne pas inclure**. Pour changer l'ordre d'affichage des applications ou en exclure certaines du Centre de notifications, touchez **Modifier** et faites glisser les éléments dans la section **Inclure** ou **Ne pas inclure**.

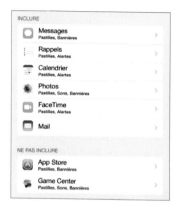

5 ▶ Touchez le nom d'une application pour voir ou modifier ses paramètres de notifications. Si l'option **Dans Centre de notifications** est activée, vous retrouverez dans ce centre les alertes reçues et non consultées.

c'est facile Les autres options de cette fenêtre concernent l'affichage des notifications indépendamment du Centre de notifications. Définissez-les selon vos besoins.

Accessibilité

Si vous souffrez de certaines déficiences physiques, l'iPad pourrait vous être très utile. Il est compatible avec de nombreux appareils connectés par Bluetooth : appareils auditifs, claviers braille, afficheur braille, par exemple. Mais il offre aussi tout un éventail de technologies d'assistance très évoluées.

- Aux personnes malvoyantes, il propose **VoiceOver**, un lecteur d'écran, qui décrit à voix haute ce qui se passe sur l'écran et permet de le contrôler. Il est naturellement intégré pour fonctionner avec **Siri** – l'assistant vocal intelligent qui effectuera les actions que vous commanderez avec la voix – et avec **Dictée** qui vous permet d'énoncer une note, un e-mail ou un texte et de l'obtenir transformé en texte écrit. L'option **Énoncer la sélection** permet

d'écouter la lecture d'un texte sélectionné : e-mail, message, page Web ou livre électronique.

 Consultez la section « Siri » plus loin dans ce chapitre pour en savoir plus. Siri n'est pas disponible sur l'iPad 2.

- Si vous avez besoin d'outils d'aide à la vision, **Zoom** agrandit tout l'écran et fonctionne avec toutes les applications. D'autres options permettent d'augmenter la lisibilité, parmi lesquelles **Gras**, **Police plus grande** et **Augmenter le contraste**. L'option **Formes de boutons** permet de repérer plus facilement l'emplacement des boutons.

- Si vous êtes sourd ou malentendant, les conversations en visioconférence de FaceTime vous permettront de communiquer par le langage des signes, et d'autres options spéciales vous faciliteront la vie

comme **Sous-titres et sous-titrage codé** dont vous pouvez définir le style, la possibilité de recevoir le son en mono au lieu de stéréo, ou la connexion de votre appareil auditif par Bluetooth.

- Si vous souffrez de difficultés motrices, les options comme **AssistiveTouch**, qui permet d'adapter sur mesure les gestes habituels de gestion de l'iPad par l'écran, et **Contrôle de sélection**, qui donne la possibilité de contrôler l'iPad à l'aide d'un bouton, voire par les mouvements de votre tête devant la caméra, pourraient

APPRENTISSAGE	
Accès guidé	Désactivé >
HANDICAPS PHYSIQUES ET MOTEURS	
Contrôle de sélection	Désactivé >
AssistiveTouch	Désactivé >
Vitesse du clic	Par défaut >
Raccourci d'accessibilité	Désactivé >

avoir un impact important sur votre vie quotidienne.

Siri

Siri est l'assistant vocal intelligent de votre iPad, disponible sur l'iPad 3 et sur les plus récents modèles, prêt à vous assister lorsque vous lui demandez, à condition que vous soyez connecté à Internet. Il est capable, par exemple, d'envoyer un message ou un e-mail, de noter un rappel, de trouver un lieu dans Plans, de lancer une recherche sur le Web ou sur YouTube, de lancer une liste de lecture et même de tirer à pile ou face ou de lancer des dés ! Ce n'est pas un logiciel traditionnel de reconnaissance vocale, avec mots-clés et commandes définies. Il comprend votre langage naturel et vous pose des questions s'il a besoin de précisions.

Siri est compatible avec de nombreuses applications. Il peut aussi transcrire un texte sous votre dictée lorsque vous utilisez le bouton 🎤 dans le clavier virtuel (il est nécessaire d'être connecté à Internet). Dictez votre texte sans omettre les marques de ponctuation et appuyez sur **OK**. Siri affiche alors le texte dicté.

 Siri n'est pas disponible sur l'iPad 2.

Activez et paramétrez Siri

Afin de pouvoir démarrer à votre demande, Siri doit être activé dans l'iPad et vous devez être connecté à Internet.

1 ▶ Touchez **Réglages** ▶ **Général**.

2 ▶ Touchez **Siri**.

3 ▶ Pour activer Siri, faites glisser le curseur en position activé.

4 ▶ Dans le message de confirmation, touchez **Activer**.

5 ▶ Définissez vos options en touchant chaque paramètre et en sélectionnant l'option voulue.

c'est facile Si vous souhaitez poser à Siri des questions en relation avec votre emplacement, par exemple « Quel temps fera-t-il demain ? », vous devez avoir activé les services de localisation avec Siri dans **Réglages** ▶ **Confidentialité** ▶ **Service de localisation**.

Utilisez Siri

1 ▶ Pour démarrer Siri, appuyez longuement sur le bouton principal.

2 ▸ Siri répond en affichant :
« Que puis-je faire pour
vous ? » Parlez clairement et
distinctement comme si vous
vous adressiez à quelqu'un.
L'onde mouvante sur l'écran
indique que votre voix est
perçue par Siri.

3 ▸ Si vous ne parlez pas, au bout
de quelques instants, Siri
affiche une série d'exemples de
questions à lui poser. Touchez
l'icône du micro , ou appuyez
sur le bouton principal en le
maintenant enfoncé. Parlez
dès que vous aurez entendu le
signal de déclenchement.

c'est facile Attention ! Le bruit environnant peut empêcher Siri de vous comprendre.

4 ▸ Siri attend et détecte quand vous cessez de parler, mais vous pouvez
aussi toucher l'onde pour lui indiquer que vous avez terminé, ou
relâcher le bouton si vous le teniez enfoncé. Siri affiche alors ce
que vous venez de dire sous forme de texte et donne à voix haute
une réponse, qui apparaît simultanément à l'écran. S'il a besoin de
plus d'informations, il vous pose une question. Ses réponses vous
surprendront par leur efficacité et peuvent vous faire gagner un
temps précieux.

c'est facile Plus vous l'utilisez et
mieux il vous comprend,
car il emmagasine des informations sur votre voix et votre accent, qu'il associe à l'un des lan-
gages ou dialectes qu'il comprend. Il se sert également des
informations trouvées dans vos
contacts, vos calendriers, vos
rappels, votre bibliothèque musicale, entre autres, pour mieux
comprendre vos demandes.

Naviguer sur le Web avec Safari

Le Web, la partie d'Internet constituée de pages Web multimédias, offre des quantités inimaginables d'informations, de nouvelles, d'images, de films et de jeux répartis sur des millions de sites dans le monde entier. Un site Web est un regroupement de pages Web, un peu comme les pages d'un livre. Mais l'attrait du Web vient des liens hypertexte placés dans les pages qui permettent de sauter d'un coup à une autre page, où qu'elle soit située sur le Web. Nombreux sont ceux qui se sont tournés vers l'iPad principalement afin de naviguer sur le Web en toute facilité.

DANS CE CHAPITRE

▶ Se connecter au réseau

▶ Naviguer sur le Web

▶ Rechercher une page

▶ Surfer confortablement

▶ Gérer les signets

▶ Lire des pages hors connexion

▶ Partager ou imprimer une page

APPLICATIONS PRÉSENTÉES DANS CE CHAPITRE

Réglages

Safari

Se connecter

Avant de vous lancer et de surfer sur le Web, vous devez être connecté à Internet. L'iPad est conçu pour accéder à Internet au moyen d'un réseau sans fil, ou Wi-Fi.

Activez la connexion Wi-Fi

Par défaut, la connexion Wi-Fi est activée. Dans l'écran d'accueil, touchez **Réglages**. Dans la colonne de gauche, si un nom est indiqué à côté de « Wi-Fi »,

vous êtes connecté. Passez immédiatement à la section « Naviguer avec Safari ». Si la mention « Désactivé » figure à côté de ce réglage, touchez **Wi-Fi** et faites glisser l'interrupteur Wi-Fi en position activée.

 Même avec un modèle Wi-Fi + Cellular, laissez l'iPad se connecter par Wi-Fi chaque fois que c'est possible, les connexions Wi-Fi étant quasiment toujours plus rapides que les connexions par réseau mobile. Vous pouvez désactiver l'option **Données cellulaires** pour forcer votre iPad à utiliser le réseau Wi-Fi.

en 2 étapes Connectez-vous à un réseau Wi-Fi

Votre iPad se connecte automatiquement aux réseaux Wi-Fi qu'il connaît déjà. En revanche, si vous vous trouvez à un nouvel emplacement, votre iPad vous indiquera les réseaux disponibles qu'il a détectés.

Lorsque aucun réseau Wi-Fi n'est détectable, si votre iPad est un modèle Wi-Fi + Cellular, il se connectera automatiquement à Internet par le réseau de transmission de données de votre abonnement mobile.

1 ▶ Touchez **Wi-Fi** dans **Réglages**.

2 ▶ Touchez le réseau que vous voulez rejoindre parmi ceux qui s'affichent et donnez le mot de passe si nécessaire.

L'icône Wi-Fi iPad 📶 dans la barre d'état indique que l'iPad est connecté au réseau Wi-Fi.

Naviguer avec Safari

Safari est le navigateur Web d'Apple, fourni avec l'iPad. C'est un navigateur complet, permettant de visiter n'importe quel site Web, d'afficher de nombreux types de médias, d'enregistrer et de gérer vos signets, c'est-à-dire les adresses des pages que vous souhaitez retrouver facilement. Il est possible d'ouvrir simultanément plusieurs pages Web et vous passerez de l'une à l'autre en quelques tapotements de doigt.

Ouvrez une première page Web

Pour démarrer votre navigation, commencez par ouvrir une première page en utilisant l'un des *favoris*, une adresse préenregistrée dans Safari.

1 ▶ Touchez **Safari** dans le dock au bas de l'écran.

2 ▶ Le navigateur s'ouvre en affichant la dernière page consultée. Si aucune adresse n'est présente, il affiche les icônes des sites placés dans les favoris, soit, par défaut, Apple, Disney, Les Échos et Yahoo!.

3 ▶ Touchez une des icônes, par exemple **Apple**. La page d'accueil du site Apple s'ouvre.

 c'est facile Vous avez ouvert une page Web en touchant un des liens préenregistrés. Une autre méthode consiste à taper directement l'adresse Web, ou adresse URL, de la page dans la barre d'adresse, c'est-à-dire la zone grise en haut de l'écran. Une adresse URL est, par exemple, `apple.com`, l'adresse du site Apple affichée en haut de votre écran ou une série de caractères comme `www.lemonde.fr`.

en 6 étapes Recherchez une page

Bien souvent, vous ne connaissez pas précisément l'adresse de la page que vous voulez atteindre. Vous pouvez alors utiliser un mot ou une expression-clé pour la chercher. Safari vous guidera en recherchant les sites correspondant à votre demande.

1 ▶ Si une adresse est déjà affichée dans la barre, touchez cette

> www.apple.com/fr/

dernière, puis touchez ⊗ à son extrémité droite pour en effacer le contenu.

2 ▶ Touchez la zone de saisie affichant « Recherche ou adresse ». Le clavier apparaît. Dès que vous avez tapé quelques caractères, une liste vous propose les adresses ou les recherches les plus fréquentes commençant par ces caractères.

c'est facile Si Safari reconnaît le début d'une adresse que vous avez déjà visitée, il complète automatiquement votre saisie dans la barre.

3 ▶ Si vous voyez le nom que vous souhaitez atteindre dans la liste des suggestions, touchez-le pour ouvrir la page de résultats. Sinon, continuez à saisir votre expression et utilisez la touche **Accéder** du clavier.

4 ▶ Safari ouvre la page de résultats trouvés par Google, le moteur de recherche par défaut.

5 ▶ Pour examiner la liste des sites proposés par Google, faites défiler la page vers le haut en faisant glisser votre doigt de bas en haut sur la page. Recommencez plusieurs fois pour atteindre le bas de la page.

c'est facile Pour revenir au sommet de la page, touchez simplement le haut de l'écran. Si vous avez involontairement touché la barre d'adresse et ouvert le clavier, touchez **Annuler** pour revenir à la page Web.

6 ▶ Le site que vous recherchez figure très probablement dans cette page de recherche. Pour l'ouvrir, touchez son nom, affiché en bleu. La page demandée apparaît à l'écran.

c'est facile Les liens figurant dans le texte sont souvent affichés en bleu, éventuellement soulignés. Mais beaucoup d'autres liens peuvent se trouver dans une page : les onglets de catégories, les icônes, les petites images, les listes sont des éléments qui en contiennent bien souvent. Alors, allez-y, surfez !

Découvrir les outils de Safari

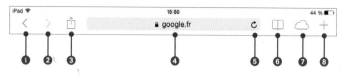

Autour de la barre d'adresse, Safari propose plusieurs outils.

❶ **Page précédente.** Cette flèche permet de revenir à la page Web visitée précédemment et de faire défiler les pages précédentes s'il y en a plusieurs.

❷ **Page suivante.** Cette flèche permet de retourner à la page suivante, dans l'ordre des pages visitées. Elle n'est active que lorsque vous êtes retourné sur une page précédente.

❸ **Partager.** Cet outil, présent dans de nombreuses applications, permet d'envoyer l'adresse de la page à quelqu'un, de l'enregistrer dans un signet, de la placer sur l'écran d'accueil, dans la liste de lecture, de la copier ou de l'imprimer.

❹ **Barre d'adresse.** Zone où vous tapez l'adresse du site Web à visiter ou un mot ou une expression de recherche permettant de trouver l'adresse. Chaque site Web a une adresse URL unique (par exemple, www. editionsfirst.fr est une adresse URL).

❺ **Actualiser.** Demande à Safari de recharger complètement la page depuis le site Web.

❻ **Signets.** Cette icône permet d'accéder aux favoris, aux signets, à l'historique des pages consultées et à votre liste de lecture.

❼ **Onglets iCloud.** Permettent de retrouver les pages ouvertes sur d'autres appareils partageant votre espace iCloud.

❽ **Nouvel onglet.** Le signe + permet d'ouvrir un nouvel onglet dans lequel vous ouvrirez une autre page Web, tout en conservant l'accès aux pages déjà ouvertes dans les autres onglets.

Surfer confortablement

Tous les sites Web ne sont pas optimisés pour les dimensions des tablettes et des mobiles, mais votre iPad a plus d'un tour dans son sac pour rendre votre navigation plus confortable.

Passez en mode paysage

1 ▶ Lorsque le format d'un site a été conçu pour un écran plus large que haut, faites pivoter votre iPad d'un quart de tour pour l'afficher en mode paysage. Immédiatement, la page est agrandie et plus facile à lire.

 Dans ce mode, le clavier de saisie, agrandi lui aussi, sera plus agréable à utiliser.

Zoomez

La méthode classique d'écartement de deux doigts fonctionne très bien pour agrandir la page, mais Safari offre aussi une méthode très pratique.

1 ▶ Tapez rapidement deux fois un bloc de texte pour l'agrandir aux dimensions de la fenêtre.

2 ▶ Retouchez deux fois rapidement pour revenir à la taille d'origine.

Ouvrez une page dans un nouvel onglet

Si vous trouvez une page intéressante offrant des liens vers plusieurs autres, vous préférerez suivre les liens sans quitter la page d'origine.

1 ▶ Maintenez le doigt sur un lien. Au bout de quelques instants, une fenêtre propose plusieurs options.

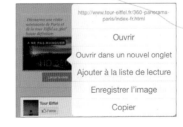

2 ▶ Touchez **Ouvrir dans un nouvel onglet**. Vous restez dans la page en cours, mais un nouvel onglet est apparu dans le haut de l'écran. Plusieurs pages peuvent être ouvertes simultanément.

 Pour fermer un onglet, touchez le ⊗ à son extrémité gauche.

 ## Utilisez le Lecteur

Lorsque la page que vous consultez contient un article de texte, Safari le reconnaît et vous propose le mode Lecteur.

1 ▶ Lorsque vous voyez le bouton ≡ dans la barre d'adresse, touchez-le pour que Safari affiche l'article seul, en éliminant tous les autres éléments de la page.

2 ▶ Pour quitter le mode Lecteur, touchez de nouveau le bouton, maintenant affiché en négatif.

Signets, liste de lecture et historique

Le temps passe trop vite, vous n'avez pas eu le temps de tout voir et de tout lire ! Pas d'inquiétude, vous pouvez enregistrer les adresses intéressantes pour y revenir plus tard. Vous pouvez choisir d'enregistrer les adresses dans le dossier Signets ou le dossier Favoris.

c'est facile Les favoris sont des signets particuliers : ils sont affichés lorsque vous touchez la barre d'adresse. Ils peuvent rester visibles à tout moment si vous activez l'option **Afficher la barre des favoris** dans les Réglages de Safari. Les favoris préenregistrés peuvent être modifiés ou supprimés.

 ## Ajoutez un signet

Pour être enregistrée comme signet, la page doit être ouverte dans Safari.

1 ▶ Touchez  dans la barre d'outils.

2 ▶ Touchez **Ajouter un signet**.

3 ▶ Dans la fenêtre Nouv. Signet, touchez la première ligne si vous voulez modifier le nom du signet. Touchez **Emplacement** pour choisir entre le dossier Signets et le dossier Favoris.

4 ▶ Touchez **Enregistrer** pour sauvegarder le signet.

Ouvrez un signet

Les pages enregistrées dans vos signets sont accessibles à tout moment, à condition que vous soyez connecté à Internet. Si vous souhaitez parcourir des pages alors que vous n'êtes pas connecté, par exemple en voyage, vous devez les placer dans la liste de lecture.

1 ▶ Dans Safari, touchez ⧠ . Pour voir vos signets favoris, touchez **Favoris**.

2 ▶ Dans la liste des signets, touchez le nom de la page à ouvrir. La page s'ouvre dans Safari à la place de la page en cours.

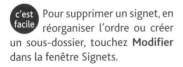

c'est facile Pour supprimer un signet, en réorganiser l'ordre ou créer un sous-dossier, touchez **Modifier** dans la fenêtre Signets.

Utilisez la liste de lecture

La liste de lecture conserve, en les enregistrant, les pages que vous souhaitez lire plus tard. Ceci vous permet donc de lire ces pages même lorsque vous n'êtes pas connecté à Internet.

1 ▶ Dans la page ouverte, touchez
📤 ▶ **Ajouter à la liste de lecture**.

c'est facile Vous pouvez aussi ajouter à la liste la page cible d'un lien sans ouvrir celle-ci. Maintenez le doigt sur le lien puis, dans la fenêtre obtenue, touchez **Ajouter à la liste de lecture**. Safari enregistre la page en arrière-plan, sans interférer avec votre navigation en cours.

2 ▶ Vous pouvez consulter les pages de votre liste de lecture à tout moment, connecté ou non. Touchez ▢ , puis ▢ ∞ ▢ .

3 ▶ Touchez le titre d'une page pour l'ouvrir dans Safari. Si la liste est longue, touchez **Afficher non lus** au bas de la fenêtre pour réduire la liste aux pages que vous n'avez pas encore ouvertes.

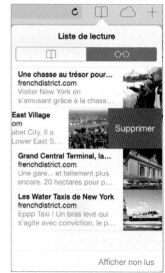

c'est facile Pour supprimer une page de la liste, faites-la glisser vers la gauche, puis touchez **Supprimer**.

 Consultez l'historique

Safari garde en mémoire les adresses des sites que vous avez visités, en les groupant chronologiquement. , Vous pouvez ainsi retrouver une page que vous avez vue le matin, ou deux jours plus tôt.

1 ▶ Touchez ▢ dans la barre d'outils de Safari.

2 ▶ Touchez **Historique**.

c'est facile Pour effacer l'historique, touchez **Effacer** au bas de la fenêtre Historique ou utilisez **Réglages ▶ Safari ▶ Effacer l'historique**.

c'est facile Le bouton **Privée**, qui est visible juste au-dessus du clavier lorsque vous touchez la barre d'adresse, permet de lancer une session de navigation privée, c'est-à-dire qui ne sera pas enregistrée dans l'historique.

Partager ou imprimer une page Web

L'iPad peut envoyer l'adresse d'une page Web par e-mail, par Twitter, par Facebook ou par l'application Messages (voir le chapitre 5). L'iPad Air et l'iPad 4 peuvent aussi partager des adresses par AirDrop avec un appareil Apple compatible qui se trouve dans un rayon de 10 mètres.

 en 3 étapes

Partagez une page Web

1 ▶ Dans la page ouverte avec Safari, touchez ⬆ .

2 ▶ Choisissez l'icône qui vous concerne dans la fenêtre parmi les méthodes de communication (AirDrop, Messages, Mail, réseaux sociaux).

3 ▶ Ajoutez éventuellement un message avec la publication, puis touchez, selon le cas, **Envoyer** ou **Publier**.

en 3 étapes

Imprimez une page Web sur une imprimante AirPrint

Si votre imprimante fonctionne en Wi-Fi et est compatible avec le système AirPrint, vous pourrez imprimer la page Web directement depuis votre iPad. Le système AirPrint ayant été lancé par Apple en 2010, la plupart des imprimantes Wi-Fi vendues depuis la fin de 2011 sont compatibles avec AirPrint.

1 ▶ Dans la page ouverte avec Safari, touchez ⬆ .

2 ▶ Dans la liste des actions, touchez **Imprimer**.

3 ▶ Au besoin, sélectionnez
l'imprimante à utiliser, modifiez
le nombre de copies et ajustez
les autres options proposées,
puis touchez **Imprimer**.

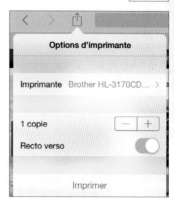

c'est facile Si votre imprimante n'est pas compatible avec AirPrint, vérifiez si son fabricant n'a pas conçu une application lui permettant de le devenir. Sinon, la solution simple consiste à envoyer par e-mail l'adresse de la page Web à une adresse électronique depuis laquelle vous pouvez imprimer.

5

E-mail
et messages

La fonction d'Internet la plus utilisée après le Web est l'expédition de courriers électroniques, ou courriels, ou encore e-mails. L'application Mail de votre iPad, un programme complet de gestion du courrier, est considérée par Apple comme tellement indispensable qu'elle est automatiquement placée dans le dock. Elle vous permet d'envoyer et de recevoir des courriels, de les consulter ou d'en ouvrir les pièces jointes, d'y répondre et de les classer. L'application Contacts est votre carnet d'adresses, auquel se réfèrent de nombreuses applications. Apprenez à y ajouter tous vos contacts.

DANS CE CHAPITRE

▌ Configurer un compte e-mail

▌ Lire et répondre au courrier

▌ Gérer plusieurs comptes de messagerie

▌ Personnaliser le courrier

▌ Gérer les contacts

▌ Utiliser Messages et FaceTime

APPLICATIONS PRÉSENTÉES DANS CE CHAPITRE

Mail

Réglages

Contacts

Messages

FaceTime

Découvrir l'application Mail

Avant de commencer à envoyer et recevoir des messages, vous devez donner à l'iPad la clé de votre boîte aux lettres, c'est-à-dire configurer votre compte. Pour cela, vous devez bien entendu être connecté à Internet. Si vous avez plusieurs adresses de courrier, cela ne pose aucun problème, vous pouvez centraliser toutes vos boîtes aux lettres avec Mail.

c'est facile Si vous n'avez pas d'adresse e-mail, passez à la section « Créez un compte e-mail ». Si vous avez créé ou utilisé un compte Apple (*votrenom* @me.com ou *votrenom*@icloud.com) en configurant votre iPad, vous n'avez rien à faire, votre application Mail est déjà fonctionnelle. Passez de suite à la section « Gérer le courrier ».

Configurez votre compte e-mail

1 ▸ Dans le dock, touchez **Mail**.

2 ▸ Dans l'écran de bienvenue, touchez le nom de votre prestataire de messagerie.

c'est facile Si aucun des noms présentés ne correspond à votre fournisseur de messagerie, touchez **Autre**. Pour configurer votre compte, vous devez connaître les noms d'hôte des serveurs d'envoi et de réception de votre fournisseur.

3 ▶ Remplissez les champs relatifs à votre compte : votre nom, votre adresse de courriel et votre mot de passe. L'iPad remplit automatiquement la description, mais vous pouvez la modifier. Si vous ajoutez un

autre compte plus tard (par exemple, un compte professionnel), cette description servira à identifier le compte. Donnez-lui donc un nom explicite.

4 ▶ Touchez **Suivant**. Si vous avez choisi Autre à l'étape 2, saisissez les renseignements demandés, puis touchez **Suivant**. La vérification de votre adresse prend quelques instants.

5 ▶ Une fenêtre vous propose les applications à associer à cette adresse. Touchez **Enregistrer** pour terminer.

 Pour désactiver la synchronisation de votre adresse avec une application, faites glisser son curseur en position désactivée.

Votre compte est maintenant configuré et Mail ouvre la boîte de réception. Vous pouvez passer à la section « Gérer le courrier ».

en 7 étapes Créez un compte e-mail

1 ▶ Dans le dock, touchez **Mail**.

2 ▶ Dans l'écran de bienvenue, touchez **iCloud**.

3 ▶ Touchez **Nouvel identifiant Apple gratuit**.

4 ▶ Fournissez votre date de naissance et vos nom et prénom en touchant **Suivant** pour passer à la page suivante. Touchez **Obtenir une adresse iCloud gratuite**, puis **Suivant**.

5 ▶ Saisissez un nom (sans espace) qui formera votre adresse iCloud. Choisissez-le soigneusement car vous ne pourrez plus le modifier une fois qu'il sera créé. Touchez **Suivant**. Dans la fenêtre de confirmation, touchez **Créer**.

 Si le nom que vous avez choisi n'est pas disponible, vous devrez en saisir un autre.

6 ▶ Choisissez un mot de passe d'au moins huit caractères et confirmez-le. Touchez **Suivant**, puis choisissez trois questions de sécurité et donnez leurs réponses. Touchez **Suivant**.

 Vous n'êtes pas obligé de fournir une adresse e-mail de secours.

7 ▶ Touchez **Suivant**. Si vous souhaitez recevoir des courriels d'information d'Apple, laissez le curseur activé ; sinon, faites-le glisser pour le désactiver.

Touchez **Suivant**. Lisez les conditions générales et touchez **Accepter**, puis confirmez en touchant de nouveau **Accepter**.

Votre compte est maintenant créé et les courriels de confirmation arrivent dans votre boîte de réception Mail.

Gérer le courrier

Avez-vous du courrier ? Vous pouvez le savoir d'un coup d'œil, car dans l'écran d'accueil, une pastille accrochée à l'icône Mail indique le nombre de messages non lus.

Lisez votre courrier

1 ▶ Si l'application Mail n'est pas ouverte, commencez par l'ouvrir en touchant son icône dans le dock.

2 ▶ Faites pivoter votre iPad pour le placer en orientation paysage s'il ne l'est pas déjà. Ceci n'est pas obligatoire, mais rendra votre lecture plus facile.

c'est facile En orientation portrait, la colonne gauche de gestion des boîtes devient « rétractable » par glissement du doigt. Lorsqu'elle est visible, elle masque la partie gauche du message affiché.

3 ▶ La partie gauche de l'écran permet de gérer la boîte de réception, ou les boîtes lorsque vous utilisez plusieurs comptes. Elle présente la liste des messages contenus dans votre boîte de réception, les plus récents étant placés en haut. Le message grisé dans la colonne gauche est le message actuellement affiché dans la partie droite de l'écran. Les messages marqués d'un point bleu n'ont pas encore été lus.

4 ▶ Dans la colonne gauche, la présentation de chaque message est structurée de la même façon. À la première ligne, le nom de l'expéditeur se trouve à gauche, affiché en gras, et le jour ou l'heure de la réception à droite. Les lignes suivantes contiennent l'objet du message, suivi d'un aperçu du contenu. Touchez un message pour l'ouvrir et afficher son contenu dans la partie droite de l'écran.

Barre d'outils

Les outils se trouvent au-dessus du message à droite dans la barre.

⚑   Marquer le message

🗁   Déplacer le message dans un autre dossier

🗑   Mettre le message dans la Corbeille

↩   Répondre, transférer ou imprimer le message

🖉   Écrire un nouveau message

Ouvrez une pièce jointe

Lorsqu'un courriel contient une pièce jointe, celle-ci est indiquée par la présence d'un trombone 📎 à côté de l'objet du message.

1 ▶ La première fois que vous recevez un message contenant une ou plusieurs pièces jointes, vous trouvez une invitation à télécharger celles-ci. Si vous avez confiance en l'expéditeur du message, touchez l'icône d'invitation à télécharger la pièce jointe.

> Toucher pour
> télécharger
> photo.JPG
> 3.1 Mo

> Toucher pour
> télécharger
> maison patrimoniale.pdf
> 2.7 Mo

2 ▶ S'il s'agit d'une image, celle-ci s'affiche dans le message lorsque le téléchargement est terminé. Selon son format, la pièce jointe peut aussi s'ouvrir dans une fenêtre de lecture. Touchez le document, puis touchez **OK** pour revenir dans Mail. Si le format de fichier n'est pas reconnu, un message indique qu'il est impossible d'ouvrir la pièce jointe.

> **c'est facile** Lorsque vous recevrez d'autres messages contenant des images, celles-ci seront automatiquement ouvertes dans le message. Si vous préférez conserver le choix de télécharger ou non, voyez la section « Principaux réglages de Mail », plus loin dans ce chapitre.

3 ▶ Pour voir l'image en plein écran, maintenez le doigt dessus, puis touchez **Coup d'œil**. Pour l'enregistrer dans votre iPad, touchez **Enregistrer l'image**.

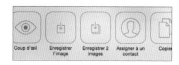

Pour enregistrer d'un coup toutes les images d'un message, touchez **Enregistrer... images**.

Fausse manœuvre

Si vous avez commis une erreur, pas de panique ! Apple a pensé à tout... Retenez bien cette opération, qui pourrait venir bien à point, par exemple lorsque vous touchez par inadvertance une commande sur l'écran ! Imaginons que vous ayez involontairement effacé un courriel.

1 ▶ Secouez immédiatement votre iPad de gauche à droite et vous verrez apparaître une fenêtre d'annulation de la dernière opération, ici **Corbeille**.

2 ▶ Touchez **Confirmer** pour confirmer l'annulation de la mise à la Corbeille, c'est-à-dire récupérer le document, ou **Annuler** si, après réflexion, vous voulez maintenir la suppression du document.

Ajoutez l'adresse de l'expéditeur dans vos contacts

L'application Contacts centralise les informations concernant tous vos contacts : c'est votre carnet d'adresses utilisé par les autres applications. Il est très simple d'ajouter l'expéditeur d'un message dans vos contacts.

1 ▶ Dans le message ouvert, touchez le nom de l'expéditeur.

2 ▶ Pour ranger cet expéditeur parmi les personnes importantes, vous pouvez l'ajouter dans la liste des VIP en touchant **Ajouter aux VIP**.

3 ▶ Touchez **Créer un nouveau contact** pour ajouter une fiche dans votre carnet d'adresses. Si vous voulez ajouter l'adresse de courriel à un nom qui figure déjà dans vos contacts, touchez **Ajouter à un contact**.

Répondez à un message ou transférez-le

1 ▶ Dans le message ouvert, touchez  .

2 ▶ Touchez **Répondre**.

3 ▶ Une fenêtre de composition apparaît, dans laquelle l'adresse du destinataire (À) est déjà remplie, ainsi que l'objet du message. Le point d'insertion clignotant indique où sera inséré votre texte, au-dessus du texte du message original. Rédigez votre réponse.

 Pour modifier la signature *Envoyé de mon iPad*, voyez la section « Personnaliser votre courrier », plus loin dans ce chapitre.

4 ▶ Pour modifier l'objet du message, touchez la zone **Objet**. Pour ajouter un destinataire, touchez la zone **À**. Pour envoyer une copie du message, entrez l'adresse dans la zone **Cc**.

 Cci signifie *Copie conforme invisible*. Le destinataire placé ici recevra une copie du message, sans que les autres destinataires (zones À et Cc) en soient informés.

5 ▶ Lorsque vous avez terminé, touchez **Envoyer**.

 Transférer un message, c'est le faire suivre à un autre destinataire. Suivez la même procédure en choisissant **Transférer** au lieu de Répondre, puis indiquez le ou les destinataires dans la zone **À**.

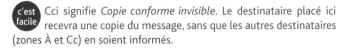

Envoyez un courriel avec un document

1 ▶ Touchez ✏ dans le coin supérieur droit de la fenêtre Mail.

2 ▶ Indiquez l'adresse du ou des destinataires dans la zone **À**. Touchez **Cc/Cci** pour ajouter des destinataires en copie ou copie invisible.

 Pour rechercher un nom dans vos contacts, touchez + à l'extrémité droite de la ligne.

3 ▶ Touchez **Objet** et saisissez le sujet de votre message.

4 ▶ Touchez la zone d'édition principale et rédigez votre message.

 Pour modifier la signature *Envoyé de mon iPad*, voyez la section « Personnaliser votre courrier », à la fin de ce chapitre.

5 ▶ Pour insérer une photo ou une vidéo dans le message, tapez deux fois rapidement l'emplacement où insérer l'élément. Une barre de commandes apparaît au-dessus du point d'insertion. Touchez **Insérer photo ou vidéo**.

Annuler	**Dernières nouvelles !**	Envoyer
À : Martin		
Cc/Cci :		
Objet : **Dernières nouvelles !**		

| Sélectionner | Tout sélect. | Indentation | Insérer photo ou vidéo |

ici, nous avons un nouvel ami. Regarde cette mignonne petite bête !

Envoyé de mon iPad

6 ▶ Sélectionnez la photo ou la vidéo en parcourant vos albums ou collections de photos, puis, dans la fenêtre Choisir, touchez **Utiliser**. L'élément est placé dans votre message. Vous pouvez recommencer pour en insérer d'autres.

7 ▶ Lorsque le message est terminé, touchez **Envoyer**.

 Si vous souhaitez envoyer un document d'un autre type qu'une photo ou une vidéo avec un courriel, ouvrez l'application de création de ce document, sélectionnez le document, touchez l'icône ⬆ et choisissez **Envoyer par e-mail**. Cette méthode ne permet pas d'envoyer plusieurs documents dans le même message, mais vous pouvez le compléter d'une ou plusieurs photos en suivant les étapes ci-dessus.

en 4 étapes Enregistrez et réutilisez un brouillon

Il peut arriver que vous ayez besoin d'une information supplémentaire avant de terminer un message. Dans ce cas, vous pouvez enregistrer votre message incomplet et le rouvrir lorsque vous serez prêt à le terminer.

1 ▶ Dans la fenêtre de composition du message incomplet, maintenez le doigt sur **Annuler**.

2 ▶ Touchez **Enregistrer le brouillon**.

3 ▶ Lorsque vous êtes prêt à terminer le message, maintenez le doigt sur ✏.

4 ▶ Touchez le brouillon à ouvrir.

Gérer vos boîtes aux lettres

Il est de plus en plus fréquent aujourd'hui d'avoir plusieurs adresses de messagerie. Mail peut gérer sans problème plusieurs comptes différents. Cette section va vous aider à vous retrouver parmi les boîtes de plusieurs comptes.

Pour ajouter un compte de messagerie, touchez **Réglages ▶ Mail, Contacts, Calendrier ▶ Ajouter un compte**, puis suivez les étapes de la section « Configurez votre compte e-mail » au début de ce chapitre.

 Pour désactiver la synchronisation de cette adresse avec une application, faites glisser son curseur en position désactivée.

Gérez plusieurs comptes

Dans la fenêtre Mail, touchez le nom de compte écrit en bleu dans le coin supérieur gauche. Vous revenez à la fenêtre Boîtes où sont regroupées toutes vos boîtes aux lettres.

1 ▶ Pour lancer manuellement la relève du courrier, dans la fenêtre Boîtes, touchez **Toutes les boîtes** et faites glisser vers le bas. Une icône de connexion apparaît durant le glissement.

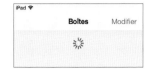

2 ▶ Un message en bas de la colonne indique le moment où le courrier a été relevé la dernière fois.

3 ▶ Touchez **Toutes les boîtes** pour voir tous les derniers messages arrivés dans toutes vos boîtes, classés par ordre chronologique, les plus récents en haut. Pour voir seulement le courrier d'une boîte spécifique, touchez son nom. À la prochaine ouverture de Mail, vous retrouverez la même disposition.

Utilisez une liste VIP

La liste VIP est destinée à regrouper les messages provenant de vos contacts les plus importants.

- Pour constituer votre liste VIP, la méthode la plus rapide est d'ajouter un nom à partir d'un message de ce contact. Touchez le nom de l'expéditeur d'un message reçu (ou du destinataire dans la rédaction d'un message) et touchez **Ajouter aux VIP**.

- Pour voir les messages envoyés par vos contacts VIP, touchez **VIP** dans la liste de la fenêtre Boîtes.

- Pour rendre VIP un de vos contacts enregistrés, touchez ⓘ sur la ligne VIP dans la fenêtre Boîtes, puis touchez **Ajouter un VIP...** et choisissez le nom à ajouter à la liste VIP.

 Recherchez parmi les messages

en 3 étapes

1 ▶ Pour effectuer une recherche parmi les courriels, touchez le champ de recherche en haut de la liste des messages. La recherche peut porter

sur l'expéditeur, le destinataire, l'objet ou le contenu des messages.

2 ▶ Saisissez le mot ou l'expression à rechercher, puis touchez **Rechercher** sur le clavier.

3 ▶ Choisissez si votre recherche doit porter sur toutes les boîtes aux lettres ou votre boîte actuelle.

Il ne vous reste plus qu'à sélectionner le message voulu dans les résultats de la recherche.

Classez et supprimez des messages

L'application Mail propose plusieurs moyens de classer, de repérer et de supprimer des messages particuliers.

1 ▶ Dans un message ouvert, touchez 🗑 dans la barre d'outils pour supprimer le message. Touchez ☐ pour le déplacer dans un autre dossier parmi les noms affichés dans la colonne de gauche. Ou touchez ⚑ soit pour classer le message comme indésirable, soit pour le marquer d'un drapeau ou comme non lu.

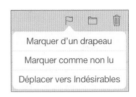

2 ▶ Pour supprimer rapidement un message dans la colonne de gauche, faites glisser son aperçu vers la gauche, puis touchez **Corbeille**.

3 ▶ Pour classer plusieurs messages en même temps, touchez **Modifier** au-dessus de la liste des aperçus.

4 ▶ Sélectionnez les messages voulus en touchant le cercle vide à leur gauche, puis touchez **Corbeille** pour les supprimer, **Déplacer** pour les changer de dossier, **Marquer** pour les classer comme indésirables, ou les marquer d'un drapeau ou comme non lus.

 Pour récupérer un message involontairement supprimé, touchez **Corbeille**. Après avoir ouvert le message à récupérer, touchez 🗀 puis touchez, dans la colonne gauche de l'écran, le nom de la boîte aux lettres où vous voulez placer ce message.

Personnaliser votre courrier

Les paramètres de personnalisation de l'application Mail sont accessibles par l'application Réglages.

Modifiez la signature de vos messages

1 ▶ Touchez **Réglages ▶ Mail, Contacts, Calendrier ▶ Signature**.

2 ▶ La signature par défaut, *Envoyé de mon iPad*, est utilisée pour tous vos comptes. Différenciez-les par des signatures différentes en touchant **Par compte**.

3 ▶ Pour chacun des comptes, remplacez le texte par défaut par celui de votre choix, ou effacez-le.

4 ▶ Touchez de nouveau **Mail, Contacts, Calendrier** pour fermer le volet Signature et revenir aux autres réglages de Mail.

Principaux réglages de Mail

- **Aperçu.** Choisissez le nombre de lignes à afficher dans l'aperçu.

- **Charger les images.** Désactivez cette option si vous ne voulez pas que les images soient automatiquement téléchargées à leur arrivée.

- **Organiser par sujet.** Lorsque cette option est activée, les messages sont regroupés par conversations (réponses successives à un même message), ce qui rend une série de messages sur un même sujet plus facile à suivre que si les messages étaient classés chronologiquement.

- **Compte par défaut.** Choisissez le compte qui sera utilisé pour l'envoi de messages à partir d'une autre application que Mail (par exemple, lorsque vous voulez envoyer une photo directement depuis l'application Photo).

Mail ne vous suffit pas ?

L'application Mail n'offre peut-être pas toutes les possibilités de gestion dont vous avez besoin. Les grands noms du secteur de la messagerie ont créé leur application dédiée, comme **Gmail** ou **Yahoo! Mail**. Il existe aussi des applications généralistes comme **MyMail** et des applications spécialisées comme **Mailbox** qui vous aide à transformer vos courriels en tâches à accomplir. Mais vous ne pourrez pas tout à fait remplacer Mail, car cette application sera automatiquement utilisée par défaut avec la commande Partager. iOS 7 ne permet pas de choisir librement l'application de courrier à employer par défaut.

Contacts

L'application Contacts est votre carnet d'adresses, celui qui sait tout à propos de vos relations. Il enregistre les coordonnées habituelles – nom, adresse e-mail, téléphone, adresse –, mais peut aussi retenir les informations personnelles comme vos liens familiaux, la date d'anniversaire ou les noms des enfants. Et vous pouvez y ajouter une photo. De nombreuses applications font appel à vos contacts et permettent d'y ajouter ou d'en compléter les données.

Certaines applications comme Siri ou Safari font même référence à vos propres coordonnées, il peut donc être utile de créer une fiche pour vous-même. Cette fiche sera aussi pratique pour partager rapidement vos coordonnées avec d'autres.

Ajoutez un nouveau contact

Votre application Contacts peut être complètement vide d'informations ou pourrait avoir été peuplée par l'application Mail et par des données provenant d'iCloud ou d'une synchronisation avec iTunes. Voici comment ajouter manuellement un contact.

1 ▶ Touchez **Contacts** dans l'écran d'accueil.

2 ▶ Au sommet de la liste Contacts, touchez ╋. Une fiche Nouveau contact apparaît dans la partie droite de l'écran.

3 ▶ Bien qu'aucune donnée ne soit obligatoire, pour que le contact soit utile, remplissez au minimum les champs Nom et Prénom, ainsi qu'une donnée de contact comme le numéro de téléphone ou l'adresse e-mail. Ajoutez les informations en touchant le ⊕ ou le nom du champ à compléter. Si le libellé obtenu est accompagné d'une flèche, touchez-le pour ouvrir la liste des libellés disponibles et touchez celui de votre choix.

4 ▶ La photo du contact peut provenir de vos images enregistrées ou vous pouvez la prendre immédiatement. Touchez **Ajouter une photo**, puis touchez **Prendre une photo** ou **Choisir une photo**.

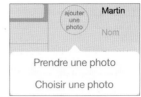

5 ▶ Lorsque vous avez terminé, touchez **OK** en haut de la fiche. La fiche terminée ne présente que les données que vous avez saisies, sans les champs vides.

c'est facile Les informations qu'il est possible d'enregistrer sont très nombreuses et variées. Vous pouvez ainsi, par exemple, définir une sonnerie associée au numéro de téléphone et une autre pour accompagner la réception de SMS de ce contact.

Modifiez la fiche d'un contact

Lorsque vous avez ajouté un contact depuis une autre application, sa fiche a souvent besoin d'être complétée.

1 ▶ Touchez le nom du contact dans la liste.

2 ▶ Touchez **Modifier** en haut de la fiche d'informations.

3 ▶ Ajoutez les informations nécessaires. Chaque champ peut contenir une liste non limitée d'éléments. Par exemple, vous pouvez saisir plusieurs numéros de téléphone, y compris plusieurs numéros avec le même libellé.

4 ▶ Pour supprimer une donnée, touchez l'icône ⊖ qui l'accompagne, puis touchez **Supprimer**.

5 ▶ Pour supprimer le contact, faites défiler la liste des champs jusqu'en bas et touchez **Supprimer le contact**.

Recherchez un contact

Lorsque votre liste de contacts devient volumineuse, Contacts propose une liste alphabétique, comme un carnet d'adresses. Mais vous avez aussi deux outils de recherche à votre disposition.

1 ▶ Dans l'application Contacts, touchez la zone de recherche en haut de la liste des contacts. Commencez à saisir le nom cherché. Dès la saisie des premiers caractères, la liste se réduit aux contacts correspondants.

ou

1 ▶ Dans l'écran d'accueil, placez un doigt sur le fond d'écran et faites glisser celui-ci vers le bas. Vous ouvrez ainsi l'outil **Recherche dans l'iPad**. Saisissez les premiers caractères et vous obtenez immédiatement la liste des éléments correspondants, en commençant par les contacts.

Envoyez un courriel à un contact

Si vous avez une liste de contacts, c'est avant tout pour les joindre plus facilement ! Une fois que votre iPad connaît les coordonnées de ceux avec qui vous communiquez souvent, il peut vous les fournir en un clin d'œil.

1 ▶ Pour envoyer un e-mail depuis Contacts, touchez le nom du contact pour ouvrir sa fiche.

2 ▶ Touchez ✉ à côté de son adresse e-mail. L'application Mail s'ouvre dans la fenêtre de composition d'un message. L'adresse du destinataire est déjà insérée.

 Pour  envoyer un courriel depuis Mail, touchez l'icône de composition, puis touchez le signe ⊕. La liste de vos contacts s'ouvre. Touchez le nom souhaité ou la zone **Rechercher** pour le localiser.

Messages et FaceTime

Messages

 L'application Messages permet d'envoyer des messages texte de type SMS à vos contacts à condition qu'ils utilisent certains appareils iOS. Les appareils compatibles sont les iPad, les iPhone et les iPod Touch (quatrième génération au moins), ainsi que les ordinateurs Mac dotés de Mountain Lion ou d'une version ultérieure. Pour pouvoir échanger des messages, tant l'expéditeur que le destinataire doivent avoir activé l'utilisation de Messages sur leur appareil, en donnant leur identifiant Apple et leur mot de passe.

Pour tous les utilisateurs qui y ont accès, l'envoi de messages est illimité et gratuit. Photos, vidéos, fiches de contact et indications géographiques pourront ainsi être envoyées par Messages à un ou plusieurs destinataires simultanément. Dans ce dernier cas, tous feront alors partie de la même conversation.

Si votre iPad est un modèle Wi-Fi + Cellular, vos messages pourront aussi être envoyés comme SMS ou MMS par le réseau mobile si vous n'êtes pas connecté en Wi-Fi, à condition que tous les paramètres nécessaires soient activés et que votre identifiant Apple soit associé à un numéro de téléphone. Attention, ce service pourrait vous être facturé par votre fournisseur de services.

Les messages envoyés et reçus apparaissent sous forme de bulles réparties par conversations avec chaque destinataire ou groupe de destinataires.

c'est facile Si vous êtes à la recherche de moyens de communication par SMS plus universels que Messages, essayez des applications gratuites comme **Text Me!** ou **Text Me International** (envoi de SMS vers des numéros de téléphone), **Viber** (communications multi-plates-formes – iOS, Android, Windows Phone, BlackBerry, PC, Mac, Symbian – entre abonnés Viber) ou **Line**.

FaceTime

L'application FaceTime permet des appels en visioconférence par Wi-Fi. Comme Messages, elle fonctionne entre utilisateurs d'iPhone, d'iPad, d'iPod Touch ou de Mac, ayant activé l'application **FaceTime** sur leur appareil. Pour fonctionner par réseau cellulaire, l'application doit être activée sur un iPhone 4s ou 5, ou un iPad à partir de la troisième génération (écran Retina).

Pour appeler un contact, touchez simplement l'icône ▭ à côté de son nom et une invitation à la conversation s'affiche aussitôt sur son écran. Pour mettre fin à la conversation, touchez **Terminer**.

c'est facile Lorsque l'appel vidéo n'est pas pratique, voire impossible, vous pouvez utiliser FaceTime en mode vocal seulement, comme un appel téléphonique. Pour une conversation uniquement vocale, utilisez l'icône 📞. La caméra ne s'activera pas. L'appel seulement vocal demande moins de bande passante.

6

Télécharger des applications, des livres et des magazines

Votre iPad intègre une vingtaine d'applications avec lesquelles vous couvrez déjà de nombreux champs d'action. Mais ce qui fait la force des appareils Apple, c'est l'accès à des dizaines de milliers d'applications correspondant à la plupart des domaines que vous pourriez imaginer. Le point d'entrée dans cet univers, c'est l'App Store, par lequel vous devez passer pour trouver, puis télécharger de nouvelles applications. Ce chapitre vous présente l'App Store, ainsi que les applications Kiosque et iBooks dont le fonctionnement est très semblable. Vous y trouverez aussi une liste d'excellentes applications que vous pouvez tester sans risque.

DANS CE CHAPITRE

- ▶ Découvrir l'App Store
- ▶ Installer une application
- ▶ L'identifiant Apple
- ▶ Découvrir iBooks
- ▶ Télécharger et lire un livre
- ▶ Organiser la bibliothèque
- ▶ Découvrir Kiosque

APPLICATIONS PRÉSENTÉES DANS CE CHAPITRE

App Store

iBooks

Kiosque

Télécharger des applications

Une application est un logiciel spécialisé, adapté aux possibilités de l'univers tactile des iPad et des iPhone. Certaines sont gratuites, d'autres sont payantes, mais le plus souvent à un prix peu élevé. Les applications couvrent des centaines d'usages en tout genre : communiquer, s'informer, se divertir, écouter, jouer, travailler, enseigner, cuisiner, voyager, pour les petits, pour les grands, pour les femmes... La principale difficulté est sans doute de trouver l'application rêvée parmi cette gigantesque collection. N'hésitez pas à parcourir les sites Web recommandant les meilleures applications dans telle ou telle catégorie, vous pourriez y découvrir quelques perles !

Découvrez l'App Store

1 ▶ Pour ouvrir l'App Store, touchez l'icône **App Store**.

Le nombre d'icônes présentées sur l'écran de l'App Store est un peu étourdissant. Pour vous aider à vous y retrouver, Apple propose plusieurs méthodes dans la barre d'options au bas de l'écran :

- La **Sélection**, dans laquelle vous vous trouvez à la première ouverture de l'App Store, affiche les dernières nouveautés et les applications les plus populaires du moment, ainsi que des raccourcis renvoyant à des groupes d'applications.

- Les **Classements**, générés par Apple en fonction des avis des utilisateurs et du nombre de téléchargements, ont l'avantage de diviser les applications en trois groupes : *Payantes*, *Gratuites* et *Apps rentables* (du point de vue du concepteur, ce qui intéresse moins l'utilisateur lambda). Vous pouvez affiner ce classement en touchant **Catégories** dans le haut de la page et en choisissant parmi plus d'une vingtaine de possibilités : Jeux, Éducation, Actualités, Sports, Enfants, *etc.*

- Si vous avez activé les services de localisation de l'App Store, l'option **À proximité** affiche les applications populaires près de votre position, ce qui est surtout intéressant lorsque vous vous trouvez à un emplacement connu et fréquenté.

- La **Recherche**, en haut à droite de l'écran, demande que vous ayez une idée, plus ou moins précise, de ce que vous cherchez. Nous y reviendrons plus loin.

2 ▶ Touchez **Sélection** au bas de l'écran.

3 ▶ Faites défiler l'écran vers le haut pour avoir une idée de son contenu. Chaque rangée horizontale d'icônes peut aussi défiler vers la gauche pour présenter d'autres propositions. Cherchez le raccourci « Apps conçues par Apple » et touchez-le.

c'est facile Si vous ne le voyez pas, touchez l'un des raccourcis « Les indispensables collections d'apps » ou « Nouveau sur l'App Store », qui devraient vous permettre de le trouver.

4 ▶ La page « Apps conçues par Apple » propose des applications gratuites qui méritent vraiment l'installation, du moins celles dont vous pensez avoir l'usage. Pour lire la fiche de présentation d'une application, touchez son nom. Touchez l'écran à l'extérieur de la fiche pour revenir à la liste des applications.

Recherchez une application

Lorsque vous avez une idée plus précise de ce que vous cherchez, la zone de recherche sera probablement plus rapide que l'examen des catégories.

1 ▶ Touchez le champ **Recherche** dans le haut de l'écran et saisissez le ou les mots-clés en rapport avec votre recherche. Il peut s'agir tout simplement du nom de l'application ou de son créateur, ou alors du domaine qui vous intéresse.

2 ▶ Au cours de la saisie, des suggestions s'affichent dans la fenêtre des résultats. Touchez une ligne pour accéder aux résultats correspondants.

3 ▶ Si les suggestions ne vous conviennent pas, continuez votre saisie, puis touchez **Rechercher** sur le clavier. Les résultats sont regroupés sur une page d'applications en rapport avec votre sujet.

4 ▶ Touchez le nom d'une application pour ouvrir sa fiche de présentation.

Installez une application

Lorsque vous avez ouvert la fiche d'une application, il est très simple et rapide de la télécharger et l'installer. À titre d'exemple, voici la fiche d'iBooks, une application gratuite conçue par Apple.

La partie inférieure de la fiche peut défiler de haut en bas. Elle contient souvent une bande d'images illustrant le fonctionnement de l'application, suivie d'une description et d'une fiche technique. À côté de l'icône de l'application, un petit encadré mentionne « Gratuit ». Dans le cas d'une application payante, c'est ici que son prix figure.

1 ▶ Touchez la mention **Gratuit** (ou, le cas échéant, le prix).

2 ▶ L'encadré change de couleur et mentionne « Installer ». Touchez **Installer**.

3 ▶ Une fenêtre s'ouvre et vous demande de saisir le mot de passe de votre identifiant Apple.

c'est facile Si vous n'avez pas encore d'identifiant Apple, vous obtenez la fenêtre Connexion. Voyez la section suivante, « L'identifiant Apple ».

4 ▶ Une fois votre mot de passe saisi, le téléchargement commence, puis la mention devient « Ouvrir ». Touchez **Ouvrir** et l'application se lance. Vous pouvez aussi fermer l'App Store. La nouvelle icône se trouvera dans votre écran d'accueil. Elle est grisée et affiche « Chargement » tant que l'installation de l'application n'est pas terminée.

c'est facile Lorsque vous avez saisi le mot de passe de votre identifiant Apple, vous pouvez effectuer d'autres achats et téléchargements durant les quinze minutes suivantes sans devoir le saisir à nouveau. Cette possibilité est modifiable dans les réglages de l'iPad (consultez la section « Activez les restrictions » dans le chapitre 12).

L'identifiant Apple

Durant la configuration initiale de l'iPad, Apple vous a suggéré de créer un identifiant Apple. Cet identifiant est votre « passeport » pour ce qui concerne les relations avec Apple, mais il est surtout indispensable pour les services App Store, iTunes Store et iCloud. Pour télécharger une application, vous devez absolument posséder un identifiant Apple. Mais il vous est généralement demandé, à sa création ou lors de sa première utilisation sur l'App Store, de fournir les coordonnées d'un mode de paiement, le plus utilisé étant la carte de crédit.

Si vous êtes réfractaire à l'idée de saisir de manière permanente des informations concernant votre carte de crédit, accessibles à quelqu'un qui utiliserait votre mot de passe, une solution s'offre à vous.

 Créez un identifiant Apple sans carte bancaire

1 ▶ Suivez les trois premières étapes de la section précédente, « Installez une application », en chargeant une application **gratuite** (il est nécessaire que l'application soit gratuite). Vous obtenez la fenêtre Connexion.

2 ▶ Touchez **Créer un identifiant**.

3 ▶ Si votre pays est correctement identifié, touchez **Suivant** ; sinon, commencez par sélectionner un pays.

4 ▶ Lisez les conditions générales et acceptez-les en touchant **Accepter** au bas de la page, puis confirmez en touchant à nouveau **Accepter**.

5 ▶ Saisissez votre adresse e-mail, créez un mot de passe, choisissez des questions de sécurité et leurs réponses, indiquez votre date de naissance. L'adresse e-mail de secours est facultative, mais utile en cas d'oubli de vos réponses personnelles. Touchez **Suivant**.

> **c'est facile Attention !** Choisissez bien les questions de sécurité. Celles-ci vous seront demandées pour réinitialiser votre mot de passe en cas d'oubli. Si vous n'êtes pas en mesure de réinitialiser celui-ci, vous ne pourrez plus utiliser votre identifiant et, en cas de problème, vous pourriez ne plus être capable de réactiver votre appareil.

6 ▶ Dans la fenêtre concernant les données de facturation, sélectionnez **Aucun**, complétez les informations concernant votre adresse de facturation, puis touchez **Suivant**.

7 ▶ Vous obtenez l'écran Vérifier votre compte. Touchez **Terminé**, puis vérifiez que vous avez reçu un e-mail de confirmation d'Apple.

8 ▶ Ouvrez le message et cliquez sur le lien pour activer votre compte.

9 ▶ Une fenêtre s'affiche et vous demande de vous connecter à l'aide de votre nouvel identifiant Apple et de votre mot de passe.

Lorsque vous avez terminé les opérations de vérification de l'adresse électronique, votre compte est configuré et vous pouvez l'utiliser dans l'App Store.

 Vous disposez maintenant d'un identifiant Apple, mais il ne vous permet pas d'acheter d'applications, de musique ou de livres autres que ceux qui sont proposés gratuitement. Si vous souhaitez acheter l'un de ces produits sans utiliser votre carte de crédit, procurez-vous une carte iTunes en magasin ou en ligne, et utilisez le crédit de cette carte pour vos achats sur l'App Store, l'iBooks Store ou l'iTunes Store.

Contraintes de l'App Store et de l'identifiant Apple

Le contenu que vous voyez dans l'App Store est lié au pays de résidence indiqué dans les coordonnées de votre identifiant Apple. Si vous modifiez votre pays de résidence, vous accéderez à un autre contenu, dans la langue du pays indiqué. Le code postal de votre adresse doit être valide. Pour pouvoir acheter dans l'App Store, il faut que le mode de paiement soit valide dans le pays choisi. Si vous avez un identifiant sans moyen de paiement (voir ci-dessus), vous pourrez obtenir des applications gratuites, mais l'accès à certaines pourrait vous être refusé si l'iPad n'est pas physiquement dans le pays indiqué.

Le paiement avec une carte iTunes est possible seulement avec une carte émise dans le pays de l'identifiant Apple. Dans certains pays (France, États-Unis...), il est possible d'acheter une carte iTunes en ligne et d'obtenir immédiatement le code par courriel.

en 7 étapes

Modifiez le pays de l'identifiant Apple

1 ▶ Touchez **Réglages** ▶ **iTunes Store et App Store**.

2 ▶ Touchez l'identifiant Apple, en haut de l'écran.

3 ▶ Dans la fenêtre Identifiant Apple, touchez **Afficher l'identifiant Apple**, puis saisissez votre mot de passe.

4 ▶ Dans la fenêtre Compte, touchez **Pays/Région**, touchez **Modifier le pays/la région**, puis touchez la ligne **Store** et choisissez le pays.

Identifiant Apple
t.koum@icloud.com

Afficher l'identifiant Apple

Déconnexion

iForgot

Annuler

5 ▶ Touchez **Suivant** et acceptez les modalités de l'iTunes Store, puis confirmez.

6 ▶ Modifiez l'adresse de facturation et le numéro de téléphone, puis touchez **Suivant**.

7 ▶ Touchez **Terminé**.

> **c'est facile** Une fois le pays modifié, les articles achetés dans le magasin du pays précédent ne s'affichent plus dans la section Achats.

Changez d'identifiant Apple

1 ▶ Touchez **Réglages** ▶ **iTunes Store et App Store**.

2 ▶ Touchez l'identifiant Apple, en haut de l'écran.

3 ▶ Dans la fenêtre Identifiant Apple, touchez **Déconnexion**.

4 ▶ Touchez la zone **Identifiant Apple** et saisissez votre identifiant, puis votre mot de passe.

> **c'est facile** Attention ! Si vous changez d'identifiant Apple et que vous activiez les téléchargements automatiques, vous ne pourrez plus changer d'identifiant Apple sur cet appareil avant 90 jours. Pour en savoir plus, visitez https://appleid.apple.com/fr et http://support.apple.com/kb/HT4627.

Lire avec iBooks

Si vous avez exécuté les étapes de la section « Installez une application », iBooks est maintenant installée dans votre iPad. Cette application, qui contient la « bibliothèque virtuelle » de votre iPad, fera office de « liseuse électronique » et vous ouvrira les portes de la « librairie électronique » que forme l'iBooks Store.

 en 8 étapes

Téléchargez des livres

Les rayons de votre bibliothèque étant encore vides, la première action à entreprendre est de les peupler avec quelques livres.

1 ▶ Touchez l'icône **iBooks** dans l'écran d'accueil.

2 ▶ À la première ouverture d'iBooks, un message de bienvenue vous accueille. Touchez **OK**.

3 ▶ Touchez **Store** à gauche de la barre d'outils en haut de l'écran.

> **Bienvenue dans iBooks**
> Les livres achetés d'iCloud apparaissent maintenant dans votre bibliothèque. Tous vos livres se trouvent également dans la collection Livres achetés.
>
> OK

4 ▶ Vous pouvez remarquer que le fonctionnement de la librairie est très semblable à celui de l'App Store : des suggestions de livres et de collections dans la page **Sélection**, une répartition en livres payants et livres gratuits dans la page **Classements**. Une option supplémentaire **Auteurs** est disponible et donne accès à une liste d'auteurs, accompagnée d'un index alphabétique.

5 ▶ Touchez **Catégories** en haut de la page, tant dans la page Classements que dans la page Auteurs, et sélectionnez une catégorie pour filtrer la recherche selon un critère plus précis. Vous pouvez aussi utiliser la zone **Rechercher** pour saisir un ou plusieurs mots-clés.

 Comme l'App Store, l'iBooks Store manque vraiment de filtres de recherche évolués. Par exemple, vous trouverez un lien « Livres par langue » tout en bas de la page Sélection. Mais si vous sélectionnez **Livres en français**, puis une catégorie, vous obtiendrez une page limitée à cent titres !

6 ▶ Touchez le titre ou l'image de couverture d'un livre pour ouvrir sa fiche détaillée. Son prix (ou l'indication « Gratuit ») figure à côté de la couverture, généralement accompagné d'un bouton « Extrait ». Touchez **Extrait** pour obtenir un extrait du livre dans votre bibliothèque. Le bouton disparaît une fois que l'extrait est téléchargé. Touchez l'écran à l'extérieur de la fiche pour revenir à la liste des livres.

 Durant la lecture d'un extrait, un bouton ACHAT dans la barre d'outils vous permet d'en initier l'achat ou le téléchargement gratuit.

7 ▶ Si vous souhaitez télécharger un livre, touchez son prix, puis touchez **Acheter le livre**. Pour un livre gratuit, touchez **Gratuit**, puis touchez **Obtenir le livre**.

8 ▶ Saisissez le mot de passe de votre identifiant Apple et touchez **OK**. Pendant le téléchargement, vous pouvez recommencer et charger d'autres livres. Pour voir les livres téléchargés dans votre bibliothèque, touchez **Bibliothèque** dans le coin supérieur gauche de votre écran.

Lisez un livre

en **6** étapes

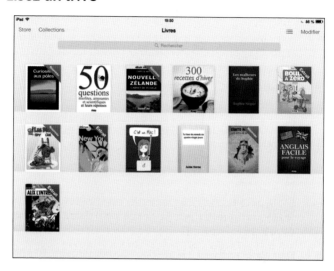

1 ▶ Dans votre bibliothèque iBooks, touchez un livre pour l'ouvrir.

2 ▶ Lorsqu'un livre est ouvert, touchez le texte pour afficher ou masquer les commandes de la barre d'outils du haut de l'écran.

3 ▶ Avec la plupart des livres, vous pouvez faire pivoter l'écran pour changer d'orientation. Avec l'orientation paysage, le texte est généralement présenté en deux colonnes.

c'est facile N'oubliez pas que vous pouvez verrouiller l'orientation en passant par le Centre de contrôle (consultez le chapitre 3 pour en savoir plus).

4 ▶ Pour changer de page, touchez le bord gauche ou droit de la page. Vous pouvez aussi feuilleter en glissant rapidement le doigt horizontalement sur l'écran pour tourner la page.

5 ▶ À tout moment, vous pouvez **copier**, chercher la **définition**, **surligner**, **annoter**, **rechercher** 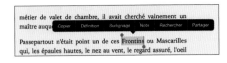 ou **partager** un mot : il vous suffit de maintenir le doigt sur ce mot et de toucher la commande correspondante.

 c'est facile Si vous lancez une recherche sur le Web, utilisez le balayage à quatre doigts vers la gauche pour revenir immédiatement à votre lecture. Pratique !

6 ▶ Pour placer un signet à la page où vous vous trouvez, touchez 🔖 dans la barre d'outils.

 c'est facile Lorsque vous quittez le livre ou l'application, le numéro de la page courante est automatiquement enregistré et le livre se rouvrira à cette page. Il n'est pas nécessaire de placer un signet manuellement.

Recherchez une page

Si vous souhaitez atteindre une page spécifique, touchez l'intérieur de la page pour afficher la barre de position au bas de la page. Un curseur indique votre position dans le livre et permet un déplacement instantané. Dans un livre de type « graphique », par exemple un livre de photos ou une BD, cette barre est remplacée par une bande des pages en miniature.

L'icône ≡ permet d'ouvrir la table des matières qui donne un accès immédiat à toutes les sections présentées.

 en 5 étapes

Lisez confortablement

L'icône ᴀA de la barre d'outils vous permet d'ajuster avec précision le confort de votre lecture.

1 ▶ Faites glisser le curseur pour ajuster la **luminosité** de l'écran durant votre lecture. Ce réglage n'affectera pas la luminosité appliquée globalement.

2 ▶ Les deux boutons « A » permettent respectivement de diminuer et d'augmenter la **taille** du texte.

3 ▶ Touchez **Polices** pour accéder à une liste de polices de caractères immédiatement applicables au texte.

4 ▶ Les trois boutons **Blanc**, **Sépia** et **Nuit** proposent des thèmes de couleurs d'affichage. Le thème Sépia diminue le contraste entre le fond et les caractères, et le thème Nuit inverse le noir et le blanc. Ce dernier mode d'affichage est destiné à l'utilisation dans un environnement peu éclairé.

5 ▶ Activez l'interrupteur **Présentation défilement** si vous souhaitez faire défiler le texte verticalement au lieu de tourner les pages horizontalement. Le curseur de défilement est alors placé le long du côté droit et le texte n'est plus divisé en deux colonnes dans l'orientation paysage.

Organisez votre bibliothèque

Afin d'organiser votre bibliothèque, vous pouvez répartir les livres dans des *Collections*. Par défaut, iPad propose les collections **Livres**, où est placé tout ce que vous téléchargez par l'iBooks Store, **Livres achetés**, où ne figurent que les éléments achetés et non les extraits, et **PDF**, où sont placés automatiquement les documents PDF téléchargés.

Pour créer une collection, touchez **Modifier** dans la barre d'outils, sélectionnez les livres à placer dans la collection, touchez **Déplacer**, puis touchez **+ Nouvelle collection**.

Découvrir Kiosque

L'application Kiosque se présente de façon très similaire à l'App Store ou à l'iBooks Store, mais en coulisses, elle est un peu différente. En fait, les magazines que vous voyez dans le « Kiosque Store » sont des applications provenant de différents éditeurs de presse. Elles constituent votre point d'accès à l'abonnement aux magazines correspondants. L'application Kiosque, quant à elle, est simplement un dossier particulier regroupant les applications des magazines auxquels vous êtes abonné.

 ## Chargez un magazine

1 ▶ Touchez l'icône **Kiosque** 📰 dans l'écran d'accueil.

2 ▶ Touchez **Store** en bas de l'écran.

3 ▶ Le Kiosque s'ouvre.
Sa fenêtre de
présentation
ressemble à celle de
l'App Store. La barre
du haut propose
des catégories
permettant de
mieux cibler votre
recherche.

4 ▶ Touchez un magazine
pour voir sa fiche
détaillée. Touchez
Gratuit, puis
Installer pour télécharger l'application correspondante.

5 ▶ Touchez à l'extérieur de la fiche pour revenir dans la boutique et
télécharger d'autres magazines, ou touchez **Ouvrir** pour consulter
immédiatement l'application.

 c'est facile Certains magazines proposent une offre d'essai gratuit, mais
elle est souvent liée à un abonnement.

Lisez un magazine

1 ▶ Touchez l'icône **Kiosque** 🔖 dans l'écran d'accueil. Le Kiosque affiche
les couvertures des magazines que vous avez téléchargés.

2 ▶ Touchez un titre pour ouvrir l'application correspondante.

3 ▶ À la première ouverture d'un magazine, une fenêtre vous demande
si vous acceptez les parutions et notifications envoyées par l'éditeur.
Touchez **OK** ou **Refuser**.

4 ▶ S'il s'agit d'une publication gratuite ou si vous êtes abonné, touchez
le bouton **Télécharger** ou son équivalent.

c'est facile Vous pouvez souvent configurer les réglages de l'application pour que la publication soit automatiquement téléchargée lors de sa parution. Vous la trouvez alors directement dans votre Kiosque.

5 ▶ Les publications payantes, la très grande majorité, proposent des formules d'abonnement ou un prix d'achat au numéro. Certaines offrent la possibilité de télécharger un extrait gratuit.

6 ▶ Touchez la couverture du magazine téléchargé pour l'ouvrir. Faites glisser les pages pour les tourner et touchez l'écran pour afficher les commandes.

Une trousse d'applications utiles

Vous avez maintenant en main la clé de la caverne d'Ali Baba, c'est-à-dire l'accès aux applications par l'App Store ! Voici quelques suggestions d'applications gratuites ou presque, qui transformeront votre iPad en un « couteau suisse » prêt à répondre à de nombreux besoins.

Une remarque : de très nombreuses applications gratuites le sont au prix de publicités, parfois envahissantes, ou parce qu'elles proposent de nombreux « achats intégrés » (consultez la section sur les jeux au chapitre 9 pour en savoir plus sur les achats intégrés). Mais leur mérite est au moins de vous permettre de les essayer sans risque. Souvent, le moyen de se débarrasser de ces publicités consiste à acheter la version payante de l'application.

 Pour vous débarrasser d'une application que vous n'utilisez plus, voyez la section « Supprimez une application » du chapitre 3.

Pour tous les jours

 Celsius. L'application Celsius, très polyvalente, offre de nombreuses informations météo d'un nombre illimité de lieux, et affiche la température actuelle du lieu de votre choix dans une pastille sur son icône. Ou bien essayez **Yahoo! Météo**, très réussie et esthétique, équivalente à l'application météo intégrée à l'iPhone. Quant à **Météo-France**, elle vous fournit toutes les nouvelles de Météo France, prévisions à neuf jours dans toute la France, informations mer, montagne, neige, *etc*.

 RATP. C'est encore mieux que d'avoir un plan du métro dans sa poche ! Localisez l'arrêt de métro, train ou bus le plus proche, recherchez un itinéraire, consultez l'horaire.

 Télé Loisirs. Voyez les programmes télé du jour sur toutes les chaînes, avec le résumé de chaque émission, les heures de rediffusion, des alertes, *etc*. Des fonctions supplémentaires sont proposées à ceux qui ont une Freebox. Un autre choix offrant des fonctions similaires : **TV Magazine**.

 Marmiton. Marmiton, c'est 60 000 recettes sous la main, proposées par des internautes de partout ! Beaucoup de commentaires, des notes, des conseils et des vidéos. Et si vous n'êtes pas emballé, essayez **Odélices**, une application très bien conçue avec carnet de recettes favorites, liste de courses, tableau d'équivalences, ou **So CookBook**, donnant accès à de très nombreuses recettes dans une présentation claire et détaillée.

Que Boire ? Que Manger ? Réellement conçue par des sommeliers, cette application permet de choisir une recette en fonction du vin ou de trouver quoi boire avec votre recette.

 Seven. Seven sera votre coach pour vous aider à faire 7 minutes d'exercices pendant 7 mois. Aucun équipement nécessaire. Des illustrations, des instructions orales, des objectifs progressifs, des récompenses, des rappels.

 eBay. Les amateurs d'enchères ne se passeront pas de cette application bien pensée qui leur permettra de ne rater aucune vente.

Quelques outils

 Calculatrice Gratuit. Une application qui manquait sur l'iPad. Effectuez les calculs de base en mode portrait et les calculs scientifiques en mode paysage, et convertissez de nombreuses unités ou devises.

 Bankin'. Gérez vos finances en toute simplicité. Très efficace et gratuit.

 Dropbox. Dropbox est l'incontournable pour partager des documents sur Internet, compatible avec à peu près tout. Vous devez créer un compte gratuit. Faites-vous parrainer par un autre utilisateur, vous recevrez tous deux un supplément d'espace de stockage gratuit.

Cultivez-vous

 Youmag. Une revue de presse très complète et entièrement personnalisable avec vos magazines, vos thèmes et vos sources préférés parmi des milliers de blogs et sites de presse en ligne.

 Wikipanion. Placez Wikipédia, l'encyclopédie participative, directement sur votre écran d'accueil.

 Youboox. Vous aimez lire ? Youboox est la première plateforme communautaire de lecture numérique gratuite et illimitée, avec un catalogue de plus de 2 500 titres.

P **Première.** Application axée sur l'actualité du cinéma : films à l'affiche, horaires, localisation des salles où ils sont projetés...

Voyagez virtuellement ou pratiquement

 Fotopedia Heritage. Une véritable invitation au voyage : admirez des photos des plus beaux endroits du monde. Une application réalisée en collaboration avec l'Unesco.

 Voyages-SNCF. Un incontournable si voulez voyager en train depuis n'importe quelle gare de France et de Navarre. Et votre iPad devient même votre billet électronique !

 SkyScanner. Recherche le billet d'avion le moins cher en fouillant sur les sites des compagnies aériennes. Claire et pratique à utiliser. Vous pouvez aussi essayer **Kayak**, qui compare les vols, les hôtels et les locations de voitures.

 TripAdvisor. Permet de trouver et de comparer, voire de réserver, les hôtels ou restaurants d'une région donnée, classés d'après les avis laissés par des internautes du monde entier.

 FlightRadar24. Une application de suivi de vol en temps réel. Suivez un vol d'après son code ou trouvez l'origine et la destination de l'avion qui vous survole. Fascinant !

Libérez votre créativité

 GarageBand. Transformez votre iPad en instrument de musique ! Créez vos pistes sonores, ajoutez des effets, utilisez la table de mixage, partagez vos morceaux sur Facebook, sur YouTube. Pour les passionnés de musique.

 Paper. Pour les artistes du crayon et du pinceau ! Transformez votre iPad en carnet de dessin avec cette application extrêmement bien conçue. Une seule plume est fournie gratuitement, les compléments peuvent être achetés dans le magasin intégré.

 Casa. Si vous avez l'âme d'un décorateur intérieur, vous allez aimer Casa. Créez des pièces virtuelles, variez les matériaux, ajoutez des meubles et des accessoires (choix assez limité), puis examinez le look final en 2D ou en 3D. Vous devez acheter la version payante pour sauvegarder votre projet. À comparer avec **Home Design 3D**.

7

Musique, films et clips vidéo

La diffusion de votre musique préférée est l'une des fonctions essentielles de l'iPad, d'où la place de l'icône Musique dans le dock. L'application Musique est particulière puisqu'elle est une des seules à poursuivre son activité comme si de rien n'était lorsque l'iPad se met en veille. Elle présente d'ailleurs ses commandes sur l'écran verrouillé, transformant ainsi l'iPad en un simple lecteur de musique. La grande qualité de l'écran iPad, Retina ou non, permet de visionner films et clips vidéo dans d'excellentes conditions. Suivez ce chapitre pour apprendre à créer votre médiathèque.

DANS CE CHAPITRE

- ▶ Créer une bibliothèque musicale dans l'iPad
- ▶ Acheter de la musique
- ▶ Écouter la musique
- ▶ Créer des listes de lecture
- ▶ Créer une bibliothèque de vidéos
- ▶ Visionner des films par Wi-Fi
- ▶ Regarder des vidéos gratuites

APPLICATIONS PRÉSENTÉES DANS CE CHAPITRE

Musique

iTunes Store

Vidéos

Garnir la bibliothèque musicale

Votre iPad se fera un plaisir de vous faire écouter vos morceaux préférés, y compris en arrière-plan pendant que vous êtes occupé dans une application ou pendant le temps qu'il vous faut pour vous endormir. Mais pour cela, il faut qu'il contienne votre musique !

Deux méthodes permettent d'enregistrer de la musique dans votre iPad : transférer vos CD en passant par votre ordinateur ou acheter directement des albums ou des morceaux sur l'iTunes Store, la boutique en ligne d'Apple.

Créez une bibliothèque musicale dans votre ordinateur

Si votre ordinateur ne contient pas le logiciel iTunes, commencez par télécharger gratuitement sa dernière version (www.apple.com/fr/itunes/download/) et exécutez-la.

1 ▶ Insérez un CD de musique. iTunes affiche les pistes et vous propose de l'importer. Répondez **Oui** pour ajouter le contenu à votre bibliothèque.

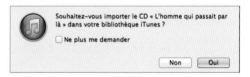

Souhaitez-vous importer le CD « L'homme qui passait par là » dans votre bibliothèque iTunes ?

☐ Ne plus me demander

| Non | Oui |

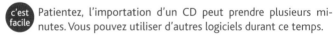
Patientez, l'importation d'un CD peut prendre plusieurs minutes. Vous pouvez utiliser d'autres logiciels durant ce temps.

2 ▶ Si des fichiers de musique (par exemple, des fichiers .MP3) se trouvent sur votre ordinateur, cliquez sur le menu **Fichier** (Mac) ou sur 🔲▾ (PC) et exécutez la commande **Ajouter à la bibliothèque**. Parcourez le disque dur, sélectionnez les fichiers à importer, puis cliquez sur **Ouvrir**. Recommencez éventuellement avec d'autres dossiers.

Si une conversion de fichier est nécessaire, iTunes vous le demande. Cliquez sur **Convertir**.

3 ▶ À la fin de l'importation, les morceaux sont affichés dans la fenêtre
iTunes. Vous pouvez choisir de les afficher par **Morceaux**, **Albums**,
Artistes ou **Genres**, en cliquant sur l'un de ces boutons.

 Vous pouvez maintenant transférer vos fichiers dans l'iPad
comme expliqué dans la section suivante ou simplement les
écouter par Wi-Fi sur l'iPad sans les transférer en activant le *partage à
domicile* (nous y reviendrons plus loin dans ce chapitre). Dans ce cas,
votre musique ne sera pas disponible lorsque vous ne serez pas connecté à votre réseau.

en 4 étapes Chargez vos fichiers musicaux dans l'iPad

1 ▶ Pour transférer la musique dans l'iPad (ce qui s'appelle *synchroniser*),
branchez-le sur l'ordinateur à l'aide du câble USB. Au premier
branchement entre les deux appareils, une autorisation est
demandée aussi bien du côté de l'ordinateur que de l'iPad. Acceptez
la synchronisation sur l'ordinateur et touchez **Se fier** sur l'iPad, puis
cliquez sur **Continuer** dans l'ordinateur.

2 ▶ Si le nom de l'iPad n'est pas apparu dans le coin supérieur gauche
de la fenêtre iTunes, cliquez sur le bouton iPad [📱 iPad ⏏]. Cliquez sur
l'onglet **Musique**.

3 ▶ Cochez **Synchroniser la musique**. Vous pouvez synchroniser la bibliothèque musicale entière ou choisir parmi les listes, artistes, albums et genres existants. Si vous ne souhaitez pas

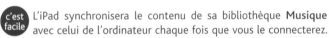

inclure les clips vidéo et les mémos vocaux, décochez les cases correspondantes.

4 ▶ Cliquez sur **Appliquer** au bas de la fenêtre. Vous pourrez éjecter l'iPad une fois la synchronisation terminée.

 L'iPad synchronisera le contenu de sa bibliothèque **Musique** avec celui de l'ordinateur chaque fois que vous le connecterez. **Attention** ! N'essayez pas de le synchroniser avec un autre ordinateur, vous risqueriez de voir disparaître tout le contenu précédent de la bibliothèque.

Synchronisez par Wi-Fi

Dans le logiciel iTunes de l'ordinateur, vous pouvez activer la *synchronisation par Wi-Fi* au lieu de la synchronisation par connexion câblée. Celle-ci exige un certain nombre de conditions.

1 ▶ Connectez une première fois l'iPad à l'ordinateur par le câble. Sur l'ordinateur, dans le bas de la fenêtre Résumé, cochez la case **Synchroniser avec cet iPad en Wi-Fi**.

2 ▶ Pour que la synchronisation puisse avoir lieu, il faut que :

- l'iPad et l'ordinateur soient connectés au même réseau Wi-Fi ;
- le logiciel iTunes soit ouvert dans l'ordinateur ;
- l'iPad soit connecté à une source d'alimentation.

Si toutes les conditions sont réunies, la synchronisation a lieu une fois par jour, mais il est aussi possible de la lancer immédiatement par **Réglages ▶ Général ▶ Synchronisation Wi-Fi iTunes**.

Achetez de la musique

La boutique iTunes Store est très similaire à l'App Store. Il est nécessaire d'avoir un identifiant Apple et un mot de passe pour y télécharger de la musique. Si ce n'est pas votre cas, consultez le chapitre 6 pour en apprendre plus sur l'identifiant Apple. La boutique offre très peu de musique gratuite.

1 ▶ Touchez **iTunes Store** dans l'écran d'accueil ou, depuis l'application **Musique**, touchez Store en haut à gauche de l'écran. L'application iTunes Store s'ouvre.

2 ▶ Vous pouvez parcourir le contenu selon une classification préétablie : *Pop*, *Rock*, *Alternative* ou de nombreuses autres en touchant **Plus**. Pour afficher plus de titres d'une liste horizontale, tels *Albums* ou *Actualités*, touchez **Tout afficher**.

3 ▶ Pour chercher un artiste ou un titre, utilisez la zone de recherche en haut à droite. Parmi les résultats, selon votre recherche, vous trouvez différents supports : *Morceaux*, *Albums*, *Livres*, *Livres audio*, *Films*, *Sonneries*, *Podcasts*, *Épisodes TV*, etc.

> **c'est facile** Si cette catégorie est disponible, touchez **Musique gratuite** tout en bas de la fenêtre d'accueil de l'iTunes Store pour découvrir un artiste peu connu ou nouveau.

4 ▶ Touchez un album pour ouvrir une fiche de présentation et la liste des morceaux qu'il contient.

5 ▶ Touchez un titre pour en écouter un extrait. L'onglet **Associés** présente d'autres albums de l'artiste et des propositions d'autres titres. Touchez le prix d'un titre ou de l'album pour l'acheter, avec le moyen de paiement de votre identifiant Apple.

6 ▶ Si vous préférez reporter votre décision, touchez ⬆️, puis touchez **Ajouter à ma liste de souhaits**. Vous pouvez aussi envoyer la référence ou encore la proposer à un ami en touchant **Offrir**, puis en fournissant son adresse Internet.

Accédez à votre liste de souhaits

1 ▶ Touchez l'icône de l'historique ▦ pour ouvrir une fenêtre présentant votre liste de souhaits et les extraits que vous avez écoutés. Les deux listes permettent l'achat et sont modifiables.

Écouter de la musique

L'application Musique permet d'écouter les morceaux enregistrés dans votre iPad.

Démarrez la lecture

1 ▶ Touchez l'icône **Musique**. L'application s'ouvre et affiche le contenu de votre bibliothèque de musique dans la dernière présentation utilisée.

2 ▶ Pour sélectionner un titre, explorez le contenu ou recherchez-le. Touchez **Artistes**, **Morceaux**, **Albums**, **Genres**, **Compilations** ou **Compositeurs** pour accéder aux différents classements de vos titres. Touchez **Listes** pour voir vos listes de lecture personnalisées.

3 ▶ Utilisez le champ **Recherche**, en haut de la liste, pour trouver un artiste ou un titre. Si le champ n'est pas visible, touchez le haut de l'écran pour revenir en haut de la liste et le faire apparaître.

4 ▶ Pour écouter un titre ou un album, touchez son nom.

 en 4 étapes

Contrôlez la musique

Après avoir lancé la lecture de la musique, vous pouvez quitter l'application Musique et en activer une autre : la lecture ne sera pas interrompue et se poursuivra en arrière-plan.

c'est facile Vous reviendrez à l'application Musique en touchant le nom du titre dans le Centre de contrôle.

1 ▶ Utilisez l'écran tactile pour contrôler la musique :

- Touchez **II** ou ▶ pour interrompre la lecture ou la reprendre.

- Touchez **◀◀** pour redémarrer le morceau ou revenir au morceau précédent (touchez deux fois rapidement).

- Touchez **▶▶** pour passer au morceau suivant.

- Faites glisser le curseur du bas pour modifier le volume.

Les commandes suivantes sont accessibles seulement dans l'application Musique :

- Touchez ‹ pour quitter la fenêtre À l'écoute et revenir à la liste des morceaux.

- Touchez ☰ pour afficher les titres de l'album ou de la liste de lecture en cours.

- Touchez **Répéter** pour activer ou désactiver la lecture en continu du morceau ou de la liste complète.

- Touchez **Aléatoire** pour lancer une lecture aléatoire de la liste en cours ou **Tout aléatoire** pour revenir à la lecture dans l'ordre d'origine de la liste.

2 ▶ Depuis n'importe quelle application ou dans l'écran verrouillé, faites glisser le bas de l'écran vers le haut pour ouvrir le Centre de contrôle et trouver les commandes de lecture de la musique.

3 ▶ Pour diffuser la musique sur un périphérique AirPlay, touchez le bouton **AirPlay** dans le Centre de contrôle et sélectionnez le périphérique dans la liste. Cette commande n'est disponible que si vous êtes connecté à un appareil AirPlay.

4 ▶ Si l'iPad est en veille, appuyez sur le bouton principal. Les contrôles de lecture de la musique, ainsi que la pochette de l'album en cours de lecture, apparaissent dans l'écran verrouillé.

Créez une liste de lecture

Une liste de lecture permet d'écouter une programmation des morceaux de votre choix, organisée comme vous l'entendez. **Musique** crée automatiquement plusieurs listes comme *Ajouts récents*, *Les 25 plus écoutés*, *Meilleur classement*, etc.

1 ▶ Touchez **Listes** , touchez
Nouvelle liste, donnez un nom à
votre liste, puis touchez **Enregistrer**.

2 ▶ Touchez + à côté de chaque
morceau à ajouter à la liste, puis
touchez **OK** au sommet de la liste.

3 ▶ Le nom de la nouvelle liste apparaît au bas des listes existantes.
Touchez son nom pour en afficher le contenu.

4 ▶ Touchez **Supprimer** pour détruire la liste ou **Effacer** pour en effacer le
contenu. Ces deux actions demandent une confirmation.

5 ▶ Pour ajouter des morceaux à la liste, touchez **Modifier**, puis touchez
+ à droite. Vous revenez à la liste de tous les morceaux. Procédez
alors comme à l'étape 2. Vous pouvez ainsi ajouter une seconde
lecture d'un morceau déjà dans la liste.

6 ▶ Pour supprimer des morceaux de la liste, touchez **Modifier**, puis
touchez ⊖ en regard du titre à supprimer. Touchez le bouton
Supprimer, puis touchez le bouton **OK** en haut de la liste. Vous
modifierez l'ordre de la liste en faisant glisser ≡ pour déplacer un
titre.

7 ▶ Pour lancer la lecture de la liste, touchez le premier morceau de la
liste ou touchez **Lecture aléatoire de la liste** ⤨ pour laisser l'iPad
choisir l'ordre de lecture. Touchez **Listes** pour revenir à l'affichage des
listes.

Écouter de la musique par Internet

Spotify et **Deezer** sont des services d'écoute de musique en streaming permettant d'écouter des artistes et des albums, et de créer des listes de lecture dans un catalogue de millions de titres reprenant tous les genres musicaux. Spotify propose une diffusion gratuite entrecoupée de publicités ou un abonnement premium, alors que Deezer privilégie l'abonnement payant (essai gratuit pendant 15 jours).

Il existe des applications permettant d'écouter gratuitement les radios du monde entier. L'application **TuneIn Radio**, par exemple, vous offre de choisir gratuitement parmi près de 100 000 stations de radio (présence d'un bandeau publicitaire, y compris dans la version Pro).

Comme **Musique**, ces applications continuent à fonctionner en arrière-plan.

Et pour impressionner la galerie, installez **Shazam**, l'application incontournable qui « reconnaît » n'importe quelle chanson lorsqu'elle a pu « l'écouter » pendant quelques secondes. Si vous voulez essayer une application plus complète encore, et qui pourrait reconnaître aussi les mélodies que vous sifflez ou fredonnez, chargez **SoundHound**.

Regarder des films, des séries TV et des clips vidéo

Si vous souhaitez regarder des films ou des séries TV avec votre iPad, vous pouvez procéder exactement de la même façon que pour la musique. Achetez ou louez des films et des séries sur l'iTunes Store ou transférez vos vidéos personnelles depuis votre ordinateur avec iTunes. Il existe aussi une autre possibilité : au lieu de transférer vos vidéos, vous pouvez les laisser dans votre bibliothèque iTunes et activer le partage à domicile. Vous pourrez alors les regarder sur l'iPad sans les y stocker.

Les vidéos que vous créez en filmant avec l'iPad ne rentrent pas dans cette catégorie. Vous les regarderez avec l'application **Photos**.

Achetez ou louez des films et des séries TV

Les séries TV, les clips vidéo et les films peuvent être achetés ou loués par l'application **iTunes Store**. Le fonctionnement est exactement le même que pour l'achat de musique. Découvrez les catégories comme *Cinéma français* ou les collections comme *Grands réalisateurs*, explorez les

films par genres et recherchez au moyen de la zone de recherche. Touchez un titre pour ouvrir sa fiche détaillée.

Dans la fiche, vous pouvez avoir accès à la bande-annonce, aux informations concernant le film et choisir entre les versions HD et SD.

Si vous souhaitez vous procurer ce titre, touchez le bouton mentionnant le prix et **Acheter** ou **Louer** selon votre intention.

 Une série ou un film acheté ou loué est disponible sur tous vos appareils connectés à l'iTunes Store avec le même identifiant Apple. La location est valable 30 jours à partir de la date de téléchargement, mais durant 48 heures seulement après le début du visionnage. Passé ce délai, la vidéo est automatiquement effacée de votre bibliothèque iTunes.

Transférez vos vidéos personnelles

Comme avec la musique, commencez par créer votre bibliothèque de vidéos dans iTunes, puis synchronisez l'iPad. Attention, l'iPad et iTunes ne reconnaissent que certains formats de fichiers. Vos fichiers pourraient ne pas être reconnus ou ne pas être correctement convertis par iTunes.

c'est facile Vous pouvez utiliser dans l'iPad l'application gratuite **VLC** qui reconnaît de très nombreux formats de fichiers et de streaming vidéo sans conversion. Ou bien recourir à un logiciel de conversion avec votre ordinateur, par exemple le logiciel Freemake Video Converter (pour PC) qui est gratuit, en français et très facile d'emploi.

1 ▶ Cliquez sur ▦▾ (sur PC) ou sur le menu **Fichier** (sur Mac) et sélectionnez la commande **Ajouter le fichier à la bibliothèque**.

2 ▶ Parcourez votre disque dur, sélectionnez la ou les vidéos à importer, puis cliquez sur **Ouvrir**.

c'est facile L'importation ou la conversion peut prendre un certain temps, surtout si vous importez des longs métrages.

3 ▶ Connectez l'iPad à l'ordinateur à l'aide du câble. L'écran iPad s'affiche dans la fenêtre iTunes, dans l'onglet **Résumé**.

c'est facile Si l'écran iPad ne s'ouvre pas automatiquement, cliquez sur le bouton **iPad** apparu dans la barre d'onglets d'iTunes.

4 ▶ Cliquez sur l'onglet **Films**, puis cochez la case **Synchroniser les films**.

5 ▶ Cochez les films à synchroniser, puis cliquez sur **Appliquer** au bas de la fenêtre. Durant la synchronisation, l'évolution du transfert est indiquée dans la zone supérieure de la fenêtre iTunes. La synchronisation terminée, vous pouvez déconnecter l'iPad.

c'est facile Attention à l'espace mémoire. Un film peut occuper un volume important de la mémoire de votre iPad. Surveillez l'espace restant libre dans la barre au bas de la fenêtre iTunes. Si l'espace disponible est faible, utilisez plutôt le partage à domicile.

Activez le partage à domicile

Pour utiliser le partage à domicile, tous les appareils concernés doivent être connectés au même réseau Wi-Fi, lui-même connecté à Internet.

1 ▶ Dans le programme iTunes sur l'ordinateur, cliquez sur **Partage à domicile** dans la partie gauche de l'écran. Si cette icône n'est pas visible, commencez par cliquer sur ■▾ ▶ **Bibliothèque** ▶ **Activer le partage à domicile** (PC) ou **Fichier** ▶ **Partage à domicile** ▶ **Activer le partage à domicile** (Mac).

2 ▶ Saisissez votre identifiant Apple et votre mot de passe.

3 ▶ Cliquez sur **Activer le partage à domicile**. Il faut que l'identifiant Apple soit le même que celui que vous utilisez sur l'iPad.

Partage à domicile

Le partage à domicile simplifie la lecture ou la copie de musique, films et autres éléments sur les ordinateurs de votre maison. Pour cela, utilisez le même identifiant Apple sur cinq ordinateurs.

Entrez l'identifiant Apple utilisé pour créer votre partage à domicile.

    [@icloud.com]   [••••••••••]

    [Non merci]   [Activer le partage à domicile]

Vous n'avez pas d'identifiant Apple ?

c'est facile La première fois que vous activez le partage à domicile sur un ordinateur, un message vous demande si vous voulez autoriser cet ordinateur. Vous pouvez autoriser jusqu'à cinq ordinateurs avec le même identifiant. Cliquez sur **Autoriser**.

4 ▶ Cliquez sur **Fermer**.

5 ▶ Dans l'iPad, touchez **Réglages** ▶ **Vidéos**.

6 ▶ Dans la section « Partage à domicile », saisissez votre identifiant Apple et votre mot de passe. L'application Musique partagera aussi automatiquement la musique.

Regardez vos vidéos

Vous utiliserez l'application Vidéos pour regarder les vidéos et les films transférés sur votre iPad ou faisant l'objet d'un partage à domicile.

1 ▶ Lancez l'application **Vidéos**.

La liste de vos vidéos apparaît.
Les catégories auxquelles appartiennent vos vidéos sont affichées dans la barre du haut.

2 ▶ Si vous avez activé le partage à domicile, votre barre affiche « ... ». Cliquez sur les petits points pour accéder à la fenêtre **Partagé**. Touchez le nom de la bibliothèque à laquelle vous souhaitez accéder. Le contenu de cette dernière s'affiche.

Partagé	OK
iPad Air	✓
Bibliothèque de « Colette »	
Bibliothèque de « Ordinateur de bureau »	

 Si vous souhaitez revenir à la liste des fichiers présents dans l'iPad, touchez **Partagé** puis touchez le nom de votre iPad.

3 ▶ Pour regarder une vidéo, touchez son nom ou son image. La vidéo démarre.

4 ▶ Durant la lecture, si les commandes sont masquées, touchez l'écran

pour les rendre visibles. Les commandes sont identifiées par les icônes habituelles de lecture vidéo :

- **⏸** interrompt la lecture et **▶** la reprend.
- **⏮** redémarre au début si vous la touchez ou recule rapidement si vous maintenez le doigt dessus.
- **⏭** passe à la section suivante (ou à la fin de la vidéo si celle-ci ne contient pas de section) si vous la touchez ou avance rapidement si vous maintenez le doigt dessus.
- Le curseur du haut de l'écran indique le déroulement de la lecture. Faites-le glisser pour avancer ou reculer.

- Le curseur du bas de l'écran permet de régler le volume sonore.
- **▦** permet d'agrandir l'image en plein écran ou de la réduire.
- Touchez **OK** pour arrêter la lecture et revenir à la fiche de la vidéo.

Regarder des vidéos gratuites

Si vous souhaitez accéder aux dizaines de milliers de fichiers vidéo gratuits des sites de partage vidéo **Dailymotion**, **YouTube** ou **Vimeo**, vous pouvez accéder à leurs sites Web respectifs avec Safari. Ces diffuseurs ont aussi conçu des applications dédiées permettant d'accéder directement à leur interface de gestion des vidéos. Vous pouvez télécharger ces applications gratuites dans l'App Store.

L'application **Dailymotion**, de conception française, semble particulièrement bien conçue et plébiscitée par ses utilisateurs.

La plupart des chaînes de télévision comme France Télévisions, TF1, M6, Arte ou Canal+ proposent aussi leurs propres applications pour visionner leurs émissions en direct ou en rediffusion.

Photo et vidéo

Avec votre iPad sous la main, vous ne raterez plus une image intéressante à croquer sur le vif. Ses deux appareils photo prennent des clichés de très bonne qualité et filment en vidéo haute définition. La caméra FaceTime est conçue pour les autoportraits et les appels vidéo, et donne d'excellents résultats même lorsque l'éclairage est faible. L'appareil photo iSight offre une résolution encore meilleure depuis la sortie d'iPad 3, effectue la mise au point automatiquement sur le sujet que vous avez choisi et détecte les visages. Il ne vous reste qu'à déclencher ! L'application Photos permet de visionner et de partager vos clichés et vos vidéos.

DANS CE CHAPITRE

- ▶ Prendre des photos et filmer
- ▶ Visionner les photos et les vidéos
- ▶ Créer des albums
- ▶ Partager et transférer les images
- ▶ Retoucher des photos
- ▶ Découvrir Photo Booth, iPhoto et iMovie

APPLICATIONS PRÉSENTÉES DANS CE CHAPITRE

Appareil photo

Photos

Photo Booth

Photographier avec l'iPad

L'iPad est muni d'un appareil photo sur chacune de ses deux faces. La **caméra FaceTime** est placée au-dessus de l'écran, au centre. Cette caméra vous filme ou vous photographie lorsque vous regardez l'écran. Elle est idéale pour les conversations en vidéo et les autoportraits. Sa résolution, c'est-à-dire la taille en pixels de l'image qui définit sa qualité, est moindre que celle de l'autre appareil photo. L'objectif de l'**appareil iSight** est situé sur la face arrière de l'iPad. Il offre une résolution de 5 Mpx (sauf l'iPad 2 qui offre 0,7 Mpx et ne détecte pas les visages) et les derniers modèles (l'iPad Air et les iPad mini) filment en HD 1080. Mais si les caractéristiques sont différentes, le fonctionnement est le même.

Prenez une photo

L'appareil photo est disponible à partir de l'écran verrouillé et vous pourrez photographier, visionner la photo et la retoucher sans saisir le code. Mais vous retrouverez ensuite l'écran verrouillé. Si vous êtes déjà occupé avec l'iPad, le Centre de contrôle a été conçu pour vous permettre d'atteindre rapidement les fonctions essentielles.

1 ▶ Si l'iPad est verrouillé, appuyez sur le bouton principal. Faites glisser vers le haut l'icône ■ située dans le coin inférieur droit de l'écran. Si l'iPad est activé, faites glisser le bas de l'écran vers le haut pour afficher le Centre de contrôle, puis touchez ▦.

 Vous pouvez aussi toucher l'icône **Appareil photo** dans l'écran d'accueil.

2 ▶ Le dernier appareil photo utilisé (avant ou arrière) est prêt à photographier. L'écran affiche ce qui est dans le champ de l'objectif. Pour changer d'appareil photo, touchez ▦. Pour changer d'orientation, basculez l'iPad.

3 ▶ Un rectangle apparaît brièvement, indiquant la zone de réglage de l'exposition et de mise au point. Si des visages ont été détectés (sauf avec l'iPad 2), l'exposition sera équilibrée sur l'ensemble des visages. Touchez une zone de l'écran pour imposer le réglage sur ce sujet.

 c'est facile Pour verrouiller la mise au point et l'exposition, maintenez le doigt sur le sujet jusqu'à ce que le rectangle clignote. L'indication « VERROUILLAGE AE/AF » s'affiche à l'écran. Pour déverrouiller, touchez l'écran.

4 ▶ Pour prendre la photo, touchez ⭕ ou appuyez sur l'un des boutons de volume. Le bouton de volume est souvent indiqué pour prendre un autoportrait, afin d'éviter le risque du doigt dans le champ. Si vous maintenez le doigt sur ⭕ ou sur le bouton de volume, vous prendrez une série de photos en rafale.

c'est facile Regardez immédiatement votre photo en touchant sa miniature dans le coin inférieur droit. Touchez **Corbeille** si elle ne vous plaît pas ou **Modifier** pour ouvrir la barre de commandes. Touchez **OK** pour revenir à l'appareil photo.

5 ▶ Lorsque vous avez terminé, appuyez sur le bouton principal pour revenir à l'écran de verrouillage ou à l'écran d'accueil.

en 4 étapes Maîtrisez les réglages

Il est intéressant de connaître, avant de déclencher, les réglages qui sont mis à votre disposition.

1 ▶ Avec l'appareil iSight, vous pouvez zoomer en « pinçant » l'image. Ajustez le zoom en faisant glisser le curseur apparu au bas de l'image.

c'est facile Attention : il s'agit d'un zoom numérique, c'est-à-dire un agrandissement d'une portion de l'image. Ne l'utilisez surtout pas lorsque l'éclairage est faible.

2 ▶ Pour prendre une photo carrée, faites glisser l'écran vers le haut, afin de placer **CARRÉ** devant le point jaune.

3 ▶ Touchez l'option **HDR** pour l'activer. En mode HDR, l'appareil capture trois versions du cliché avec des niveaux d'exposition différents, puis les réunit en une seule photo, dont l'exposition est optimisée.

 Le mode HDR n'est pas disponible sur l'iPad 2.

c'est facile Ce mode donne d'excellents résultats dans les situations où le contraste est important et où l'iPad et le sujet restent immobiles. Attention, si vous conservez l'original en plus de la version HDR (option accessible dans Réglages), vous consommerez le double de place dans la mémoire.

4 ▶ Pour vous aider à composer le cadrage de votre photo, vous pouvez afficher une grille dans l'écran. Ouvrez l'application **Réglages**, touchez **Photos et appareil photo**, puis activez l'interrupteur à côté de **Grille**.

en 4 étapes Filmez

1 ▶ Ouvrez l'appareil photo et faites glisser l'écran vers le bas pour placer **VIDÉO** devant le point jaune. Le centre de l'obturateur devient rouge.

2 ▶ Comme en mode photo, vous pouvez changer d'appareil photo, changer d'orientation en basculant l'iPad et toucher l'écran pour faire la mise au point sur un sujet.

3 ▶ Touchez pour démarrer l'enregistrement. La durée de l'enregistrement en cours est indiquée à l'écran.

c'est facile Sur l'iPad Air et l'iPad mini Retina, vous pouvez zoomer avec la caméra iSight en rapprochant et en écartant les doigts sur l'écran.

4 ▶ Touchez pour arrêter l'enregistrement.

en 1 étape

Capturez l'écran

Il est très simple de transformer le contenu de votre écran en une image qui sera ajoutée à vos photos.

1 ▶ Appuyez sur le bouton **Marche/Veille** et appuyez en même temps sur le bouton principal, puis relâchez immédiatement les deux boutons. L'image du contenu de l'écran est instantanément ajoutée à votre Pellicule.

Visionner photos et films

L'iPad permet bien entendu de regarder les photos et les vidéos que vous avez prises et ce, de différentes manières, mais aussi de retoucher vos photos, de découper les vidéos et de partager vos images par message, par courrier, par iCloud ou directement sur le Web. L'application Photos permet l'exécution de toutes ces manipulations.

 en 4 étapes

Parcourez vos photos et vos vidéos

1 ▶ Touchez **Photos** dans l'écran d'accueil. Par défaut, l'application s'ouvre dans la présentation *Moments*, dans laquelle les vignettes de vos photos et vidéos sont groupées par dates des clichés, et par lieux si la géolocalisation a été activée. Pour afficher un plus grand nombre de photos plus petites, touchez **Collections** puis, dans Collections, touchez **Années**.

2 ▶ Les vidéos sont signalées par leur durée et le symbole ▣ affichés sur la vignette.

3 ▶ Touchez une vignette pour afficher la photo ou la vidéo en plein écran. Touchez-la une seconde fois pour masquer les outils et afficher l'image sur fond noir. Faites glisser un doigt sur la photo pour passer à la photo suivante ou à la photo précédente. S'il s'agit d'une vidéo, touchez la

flèche pour lancer la lecture. Touchez deux fois pour basculer entre l'affichage agrandi (une partie de l'image est tronquée) et l'affichage plein écran.

4 ▶ Touchez une photo pour afficher de nouveau les outils. Touchez 🗑 pour supprimer la photo ou la vidéo. Touchez 🖼 pour accéder aux outils de partage ou d'utilisation de la photo (consultez la section « Faites bon usage de vos prises de vue », plus loin dans ce chapitre).

Organisez vos photos en albums

L'iPad organise automatiquement vos photos et vidéos par années, par collections et par moments, voire par lieux, par événements ou par visages. Mais vous pouvez les organiser vous-même à votre manière dans des albums. L'album *Pellicule* existe par défaut dans l'iPad : il contient toutes vos photos et vidéos, y compris celles qui ont été reçues par mail ou par message, dans l'ordre où elles ont été ajoutées. L'iPad crée aussi automatiquement certains albums comme *Vidéos*.

1 ▶ Pour voir toutes vos photos dans l'ordre où elles ont été enregistrées dans l'iPad, touchez **Albums** en bas de l'écran. Si vous êtes dans la page Pellicule, touchez **Albums**, dans la barre supérieure à gauche, pour atteindre la page Albums.

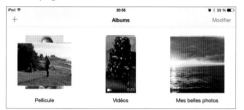

 L'écran affiche la dernière présentation des albums utilisée.

2 ▶ Pour créer un nouvel album, touchez + dans la barre supérieure. Donnez un nom au nouvel album, puis touchez **Enregistrer**.

3 ▶ Dans la page Moments, touchez chaque photo à ajouter à l'album. Touchez **Sélectionner** dans la barre de titre d'un moment pour en ajouter toutes les photos. Touchez à nouveau une photo pour la désélectionner. Lorsque vous avez terminé, touchez **OK** dans le coin supérieur droit.

4 ▶ Pour ouvrir un album, touchez
son nom ou son image.
Les albums se consultent
exactement comme les
moments. Pour déplacer une
image, touchez-la, puis faites-

la glisser ailleurs. Pour supprimer une photo d'un album, touchez
Sélectionner, touchez la photo, puis touchez 🗑. Confirmez en
touchant **Supprimer de l'album**. Vous pouvez aussi mettre la photo
dans la Corbeille lorsqu'elle est affichée en grand.

> **c'est facile** La photo sera supprimée de l'album, mais figurera toujours dans
> Pellicule.

5 ▶ Pour ajouter une photo ou une vidéo à un album existant, ouvrez
l'album, touchez **Sélectionner**, touchez **Ajouter**, sélectionnez les
éléments à ajouter, puis touchez **OK**. Ou, lorsque l'élément est
sélectionné dans page, touchez **Ajouter à** et sélectionnez l'album.

6 ▶ Dans la page Albums, vous pouvez gérer les albums en touchant
Modifier. Pour renommer un album, touchez son nom, puis saisissez
le nouveau nom. Pour déplacer un album, touchez-le et faites-le
glisser ailleurs. Pour supprimer un album, touchez l'icône 🚫 sur
l'album. Quand vous avez terminé, touchez **OK**.

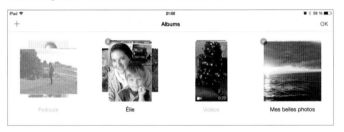

 ## Regardez un diaporama

1 ▶ Deux méthodes sont à votre disposition pour démarrer un diaporama.

- Dans la page d'un album, touchez **Diaporama**.

- Lorsqu'une photo d'un album ou d'un moment est ouverte dans
l'écran, touchez 🔲, puis touchez **Diaporama**.

2 ▶ Dans la fenêtre Options de diaporama, choisissez un style de transition en touchant **Transitions**. Si vous souhaitez un fond sonore, activez l'interrupteur **Musique** et choisissez un morceau de musique, puis touchez **Démarrer le diaporama**.

3 ▶ Les photos et les vidéos défilent avec le fond sonore choisi, qui s'interrompt durant la lecture des vidéos.

4 ▶ Le diaporama s'arrête automatiquement après la lecture de toutes les images de l'album ou du moment. À tout moment, pour le stopper, touchez l'écran.

5 ▶ Touchez **Réglages ▶ Photos et appareil photo** pour modifier les options de diaporama. Choisissez la durée d'affichage de 2 à 20 secondes par image, activez l'interrupteur **Boucle**

pour recommencer indéfiniment et sélectionnez **Aléatoire** pour laisser l'iPad choisir l'ordre d'affichage.

Faites bon usage de vos prises de vue

L'iPad offre de nombreuses manières de partager, d'envoyer et de publier photos et vidéos. Vous pouvez aussi choisir une photo pour en faire votre fond d'écran, l'attribuer à un contact ou l'imprimer.

1 ▶ Commencez par afficher la photo, puis touchez ⬆. Si vous ajoutez à ce moment d'autres photos ou vidéos à la sélection, certaines options ne seront plus disponibles.

2 ▶ Choisissez parmi les options de partage.

- Touchez **Message** ou **Envoyer par e-mail** pour envoyer la ou les photos en pièces jointes à un message (limité à une taille maximale).

- Touchez **iCloud** pour partager les éléments par iCloud avec un ou plusieurs contacts.

- Touchez **Twitter**, **Facebook** ou **Flickr** pour publier la photo dans votre compte, ou **Vimeo** ou **YouTube** pour publier la vidéo.

- Touchez **AirDrop** pour partager les éléments avec des utilisateurs d'iOS qui se trouvent à proximité.

 AirDrop n'est pas disponible sur les iPad 2 et 3.

3 ▶ Pour afficher la photo ou la vidéo sur un appareil compatible AirPlay, comme une AppleTV ou une Freebox, touchez **AirPlay**.

4 ▶ Pour attribuer une photo à un contact, touchez **Assigner à un contact** et choisissez le contact dans la liste. Ajustez la photo dans le cadre et touchez **Choisir**.

5 ▶ Pour modifier le fond d'écran d'accueil ou le fond d'écran verrouillé, touchez **Utiliser comme fond d'écran**.

6 ▶ Si votre imprimante est compatible AirPrint, vous pouvez imprimer les photos en sélectionnant **Imprimer**.

Transférez automatiquement vos photos sur iCloud

Si vous possédez un compte iCloud, activez l'option **Mon flux de photos** afin que toutes vos nouvelles photos soient automatiquement transférées vers tous les appareils connectés à ce compte.

1 ▶ Dans l'écran d'accueil, touchez **Réglages** ▶ **Photos et appareil photo**.

2 ▶ Activez l'interrupteur à côté de **Mon flux de photos**.

3 ▶ Dorénavant, les photos que vous prendrez seront ajoutées à **Mon flux de photos** au moment où vous quitterez l'application Appareil photo, à condition que vous soyez connecté à Internet par Wi-Fi. Il en ira de même pour les photos enregistrées à partir d'un e-mail et les captures d'écran.

4 ▶ Si d'autres appareils sont connectés à votre compte iCloud, ils recevront automatiquement les photos ajoutées par l'iPad et, inversement, l'iPad recevra automatiquement dans **Mon flux de photos** les photos ajoutées par les autres appareils.

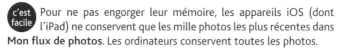 Pour ne pas engorger leur mémoire, les appareils iOS (dont l'iPad) ne conservent que les mille photos les plus récentes dans **Mon flux de photos**. Les ordinateurs conservent toutes les photos.

5 ▶ Ouvrez l'album **Mon flux de photos** pour gérer son contenu. Si vous supprimez des photos, elles seront retirées du flux sur les autres appareils, mais les originaux resteront dans la Pellicule de l'appareil qui les a prises.

Transférez photos et vidéos vers un ordinateur

Lorsque vous connectez l'iPad avec le câble USB à un ordinateur, celui-ci le reconnaît comme un périphérique de stockage contenant des photos. Vous pouvez donc gérer vos photos comme celles provenant d'autres appareils photo ou d'autres sources, indépendamment de la synchronisation par iTunes ou par iCloud. Utilisez cette méthode pour faire une sauvegarde manuelle de vos photos.

c'est facile En revanche, si vous voulez ajouter des photos sur l'iPad, vous devrez synchroniser par iTunes, les envoyer par e-mail ou par message, ou les télécharger depuis iCloud ou un site Web.

1 ▶ Connectez l'iPad à l'ordinateur par le câble USB.

2 ▶ Sur Mac, sélectionnez les photos de l'iPad, puis choisissez **Importer** ou **Télécharger dans iPhoto**. Sur PC, choisissez **Importer les images et les vidéos** ou utilisez l'Explorateur Windows pour copier les fichiers dans vos dossiers. Les photos et les vidéos de l'iPad se trouvent dans un sous-dossier du dossier **Internal Storage/DCIM**.

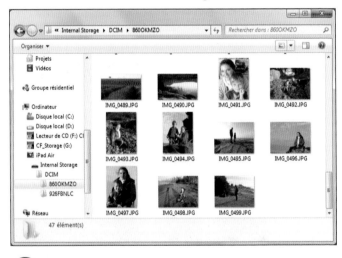

c'est facile Attention ! Si vous supprimez des photos de l'iPad au moyen de l'ordinateur, celles-ci seront supprimées définitivement et donc irrécupérables, sauf si elles avaient été sauvegardées auparavant.

Libérer sa créativité

L'iPad fournit quelques outils basiques de retouche de photos ainsi que la possibilité de recouper le début et la fin d'une vidéo. Et une application d'effets spéciaux, Photo Booth, vous donnera la possibilité de créer des images très drôles.

Retouchez vos photos

L'application Photos vous permet d'effectuer rapidement quelques retouches sur vos photos : rotation, amélioration automatique du contraste, application de filtres, correction des yeux rouges et recadrage. Faites des essais, les modifications ne sont pas destructives : vous pourrez toujours revenir à l'original !

1 ▶ Affichez une photo et touchez **Modifier** dans le coin supérieur droit de l'écran.

2 ▶ La barre inférieure présente les outils disponibles. Il est possible d'utiliser plusieurs outils successivement sur la même image.

- **Recadrer** permet de recouper des parties de l'image et de la faire pivoter. Faites glisser les coins de la grille pour définir la portion à conserver. Vous pouvez zoomer en étirant et pinçant l'image, et la faire tourner avec les doigts. Touchez **Proportions** pour définir les proportions de la grille de découpe. Touchez **Recadrer** pour terminer.

- Touchez **Annuler l'action** pour annuler le dernier outil ou **Revenir à l'original** pour annuler toutes les modifications.

3 ▶ Touchez **Enregistrer** dans le coin supérieur droit pour placer la photo modifiée dans votre Pellicule.

4 ▶ Les modifications sont réversibles. Si vous n'êtes pas satisfait de vos retouches, revenez dans la photo, touchez **Modifier**, puis **Revenir à l'original**.

Découpez une vidéo

1 ▶ Affichez la vidéo. Faites glisser vers l'intérieur les poignées fléchées placées aux deux extrémités du visualiseur d'images en haut de l'écran.

Annuler   **4 sur 8**   Raccourcir

2 ▶ Touchez **Raccourcir**.

Raccourcir
Raccourcir l'original
Nouvel extrait

- Pour supprimer définitivement les images coupées de la vidéo d'origine, touchez **Raccourcir l'original**.

- Pour conserver l'original et enregistrer un nouveau clip vidéo dans votre Pellicule, touchez **Nouvel extrait**.

Photo Booth

Photo Booth est une application de fantaisie proposant huit filtres déformants appliqués à l'image prise par un des appareils photo de l'iPad. À l'ouverture de l'application, une des caméras est activée et vous voyez immédiatement l'image vue par l'objectif et ses huit variations.

Touchez une des images pour l'afficher en grand. Pour enregistrer l'image, touchez le bouton d'obturateur ⬤. Pour changer d'appareil photo, touchez 🔳. Pour revenir à l'affichage des filtres, touchez 🔳. Si vous avez capturé une image, touchez-la pour la partager ou la supprimer. La photo est automatiquement ajoutée à votre Pellicule.

iPhoto et iMovie

Si vous souhaitez aller plus loin dans les retouches et la gestion de vos photos et de vos vidéos, tournez-vous vers des applications plus élaborées comme **iPhoto** et **iMovie**. Ces applications, conçues par Apple, sont dérivées des logiciels pour Mac de même nom. Elles sont gratuites si vous avez acheté votre iPad neuf après le 1er septembre 2013.

iPhoto permet de classer, de modifier et de partager les photos avec nettement plus de possibilités que l'application Photos. Vous pouvez notamment trier et marquer les photos, retoucher des parties d'images avec le doigt, corriger les couleurs, le contraste, la luminosité avec précision et de manière sélective, utiliser le pinceau Réparer, ajouter des effets, créer des diaporamas personnalisés, publier des journaux Web, commander des tirages chez Apple.

iMovie permet de gérer les fichiers vidéo. Vous pourrez notamment revoir des éléments de vidéo au ralenti ou en accéléré, repérer des positions dans une vidéo, réaliser des bandes-annonces, créer des films HD en accolant des vidéos de votre bibliothèque et en leur ajoutant titre, transitions, bande-son, effet de ralenti... Vous pourrez également partager et diffuser vos créations.

Si vous ne bénéficiez pas de la promotion vous offrant ces applications, il existe d'autres excellentes applications de retouche photo, gratuites ou presque.

 Photoshop Express. Une version gratuite de Photoshop qui convient très bien pour de petites retouches : corrigez contraste, luminosité, saturation, yeux rouges, recadrez vos photos, encadrez-les...

 SnapSeed. Cette application gratuite vous permettra en quelques tapotements de retoucher et d'ajuster vos photos ou seulement certaines zones, le tout de façon amusante et rapide.

 Luminance. Dans une interface élégante, ajoutez des effets à vos photos, utilisez les préréglages intégrés et travaillez avec des calques. L'historique vous permet de revenir facilement sur vos pas. Prix très modique.

 ReelDirector. Si vous cherchez un autre éditeur vidéo simple, efficace et qui ne vous ruinera pas, essayez cette application.

Réseaux sociaux et jeux

On ne présente plus **Facebook**, ce phénomène de communication qui s'est répandu comme une traînée de poudre sur toute la planète. Le réseau **Twitter** a aussi remporté un succès énorme et, même s'il est surtout utilisé depuis les portables et autres smartphones, il est tout aussi accessible sur l'iPad. D'autres réseaux sociaux, tout aussi importants, disposent chacun d'une application vous permettant d'y participer.

L'iPad est un appareil idéal pour jouer. C'est même son utilisation numéro un d'après les statistiques. Et c'est peut-être l'existence des centaines de milliers d'applications de jeux qui explique qu'aucune n'est préinstallée. Comment ferait Apple pour connaître vos préférences ?

DANS CE CHAPITRE

▶ Facebook

▶ Twitter

▶ Autres réseaux

▶ Télécharger des jeux

▶ Game Center

▶ Quelques jeux passionnants

APPLICATIONS PRÉSENTÉES DANS CE CHAPITRE

Réglages

Facebook

Twitter

Game Center

Facebook

Le plus célèbre des réseaux sociaux est totalement intégré à iOS 7 : vous avez déjà croisé son icône dans les options de partage et vous pouvez y participer directement depuis de nombreuses applications comme **Safari**, **Photos**, **Plans** et toutes celles qui proposent la commande Partager.

 en 6 étapes

Configurez votre compte Facebook

L'application **Facebook** n'est pas préinstallée, vous épargnant ainsi l'encombrement imposé d'un outil qui ne vous intéresse peut-être pas. Mais elle est prête à être installée au point qu'elle figure déjà dans les Réglages !

1 ▶ Touchez **Réglages**, puis touchez **Facebook** dans le bas de la colonne Réglages.

2 ▶ Touchez **Installer** à côté de l'icône de l'application, puis saisissez le mot de passe de votre identifiant.

3 ▶ Ouvrez à nouveau **Réglages** ▶ **Facebook**. Si vous n'avez pas de compte Facebook, touchez **Créer un compte** et suivez les instructions. Si vous avez déjà un compte Facebook, indiquez votre nom d'utilisateur et votre mot de passe, puis touchez **Se connecter**.

c'est facile Attention : si vous enregistrez ici votre nom d'utilisateur et votre mot de passe, votre compte Facebook sera accessible à toute personne qui a votre iPad en main. Si vous voulez éviter cela, connectez-vous en passant par l'application et déconnectez-vous après chaque séance.

4 ▶ Un message de l'application Facebook vous avertit que les données de votre compte Facebook seront synchronisées avec les applications Contacts et Calendrier. Si vous ne le souhaitez pas, vous allez pouvoir désactiver cette synchronisation. Touchez **Se connecter**.

5 ▶ Dans l'écran de Réglages figurent maintenant les applications autorisées à utiliser votre compte Facebook. Au besoin, utilisez les curseurs pour désactiver la synchronisation des données. Pour envoyer les données de votre carnet d'adresses à Facebook afin qu'il mette à jour les noms et les photos de vos contacts, touchez **Actualiser tous les contacts**.

6 ▶ Appuyez sur le bouton principal pour revenir à l'écran d'accueil où vous trouverez l'icône Facebook.

L'application Facebook

L'application **Facebook** permet d'effectuer toutes les activités offertes par le réseau, en exploitant la géolocalisation de votre iPad si vous l'avez activée et autorisée avec Facebook.

1 ▶ Touchez l'icône **Facebook**. Si vous avez déjà configuré votre compte, plus besoin de saisir votre nom d'utilisateur et votre mot de passe. Touchez **Continuer**.

2 ▶ L'application s'ouvre dans votre fil d'actualité. La barre d'outils en haut de l'écran présente les commandes : Menu, Invitations, Messages et Notifications.

3 ▶ Si des éléments nouveaux arrivent dans l'une de ces catégories, une pastille rouge sur l'icône correspondante indique leur nombre.

4 ▶ Touchez l'icône pour afficher les nouveaux éléments : invitations, messages ou notifications.

5 ▶ Si vous recevez un message instantané, il s'affiche dans une bulle de discussion à droite du fil d'actualité. Touchez la bulle pour ouvrir une fenêtre de discussion. Pour supprimer la bulle, touchez-la et faites-la glisser sur la croix apparue au bas de l'écran.

6 ▶ Pour afficher le menu général et accéder aux autres rubriques, touchez l'icône ▤ ou faites glisser la page vers la droite.

7 ▶ Pour vous déconnecter de Facebook, touchez **Déconnexion** tout en bas du menu.

Publiez sur Facebook

en **6** étapes

Pour donner de vos nouvelles sur Facebook, vous publiez votre statut. Vous pouvez y ajouter votre localisation, des photos, et indiquer qui vous accompagne.

1 ▶ Touchez **Statut** en haut de la fenêtre.

2 ▶ Utilisez le clavier pour écrire votre message de statut.

3 ▶ Grâce aux icônes au bas de la zone de saisie, vous pouvez insérer des photos et préciser l'album, choisir vos accompagnateurs parmi vos amis, préciser votre humeur ou ce que vous êtes en train de faire et ajouter le lieu où vous vous trouvez, si vous avez activé le service de localisation.

❶ Insérer une photo

❷ Choisir un album de photos

❸ Indiquer un ami

❹ Préciser votre humeur ou votre occupation

❺ Ajouter le lieu

4 ▶ Lorsque vous touchez une photo de vos collections pour l'insérer, vous pouvez immédiatement identifier des personnes dans cette dernière.

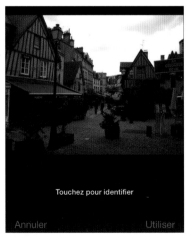

5 ▶ Touchez la zone **À :** pour définir l'audience du statut à publier. Choisissez **Public** (visible par tout le monde), **Amis** (vos amis seulement), **Amis sauf** (pour exclure certains noms) ; touchez **Plus** pour sélectionner une liste spécifique ou cochez les noms des destinataires.

6 ▶ Touchez **Publier** pour actualiser votre statut. Un message accompagnant le statut signalera que celui-ci est envoyé depuis un appareil mobile.

Twitter

Twitter est un réseau social dans lequel les abonnés échangent des messages limités à 140 caractères. Une fois inscrit, vous choisissez des personnes à *suivre* (vous êtes alors un *abonné*, ou *follower*, de cette personne) et vous recevrez chaque message (*tweet* ou *post*) de ces personnes dans votre fil d'actualité.

Configurez l'application Twitter

1 ▶ Touchez **Réglages**, puis touchez **Twitter** dans le bas de la colonne Réglages.

2 ▶ Touchez **Installer** à côté de l'icône de l'application, puis saisissez le mot de passe de votre identifiant.

c'est facile Si vous ne voulez pas que votre compte Twitter soit enregistré dans l'iPad, ne continuez pas la configuration dans Réglages. Utilisez l'application pour vous connecter et n'oubliez pas de vous déconnecter à la fin de votre session.

3 ▶ Touchez **Réglages** ▶ **Twitter**. Si vous avez déjà un compte Twitter, indiquez votre nom d'utilisateur et votre mot de passe, puis touchez **Se connecter**.

 Si vous n'avez pas de compte Twitter, touchez **Créer un compte** et suivez les instructions.

4 ▶ Si vous voulez actualiser les fiches de vos contacts avec leurs coordonnées Twitter, touchez **Actualiser les contacts**.

Actualiser les contacts

Twitter utilisera les adresses e-mail et les numéros de téléphone de vos contacts pour ajouter des photos et noms d'utilisateur Twitter aux fiches de vos contacts.

5 ▶ Appuyez sur le bouton principal pour revenir à l'écran d'accueil où vous trouverez l'icône Twitter.

Suivez votre fil d'actualité

Dans l'application **Twitter**, vous verrez votre fil d'actualité et vous pourrez réagir aux publications reçues.

1 ▶ Touchez l'icône **Twitter**. L'écran d'accueil affiche votre fil.

 Si vous êtes nouveau sur Twitter, un écran vous propose de trouver des connaissances potentielles. Il vous propose d'importer vos contacts, puis vous présente une liste de suggestions

2 ▶ Twitter peut vous demander si vous autorisez l'envoi de notifications ou l'accès à vos photos. Si vous acceptez, touchez **OK** ; sinon, touchez **Refuser**.

3 ▶ Dans votre fil d'actualité, vous pouvez faire glisser la page vers le bas à tout moment pour l'actualiser et la faire défiler vers le haut pour lire les tweets plus anciens.

4 ▶ Touchez un tweet pour l'ouvrir et voir les détails et les réponses.

5 ▶ Les icônes au bas du tweet permettent de répondre, de retweeter ou de citer le tweet, de l'ajouter aux favoris et de l'envoyer par e-mail, de copier le lien ou de le signaler.

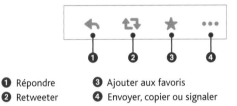

❶ Répondre   ❸ Ajouter aux favoris
❷ Retweeter   ❹ Envoyer, copier ou signaler

6 ▶ Touchez ◀ dans la barre supérieure pour revenir au fil d'actualité.

c'est facile Si vous avez ouvert une page Web dont le lien est dans le tweet, touchez la croix ✕ en haut à gauche de l'écran pour revenir à l'écran précédent.

7 ▶ Appuyez sur le bouton principal pour quitter l'application ou, pour vous déconnecter, touchez **Moi** 👤, puis ⚙ et, enfin, **Se déconnecter**.

c'est facile Vous ne pouvez pas vous déconnecter si votre compte est enregistré dans les réglages.

Publiez un tweet

1 ▶ Touchez  dans le coin supérieur droit de l'écran pour écrire un tweet.

2 ▶ Les boutons au bas de la fenêtre de saisie permettent d'ajouter une image et votre localisation. Le nombre de caractères restants est indiqué dans le coin de la fenêtre.

3 ▶ Touchez **Tweeter** pour publier le tweet.

Autres réseaux sociaux

Chaque réseau propose sa propre application. Quel que soit le réseau qui vous intéresse, cherchez-le dans l'App Store ou sur Internet, puis téléchargez son application.

Parmi les plus répandus, vous trouverez :

 Google +. Le réseau social lancé par Google, qui fonctionne par cercles de relations. L'application fournit un excellent outil de visioconférence multi-plate-forme acceptant jusqu'à dix participants.

 LinkedIn. Le réseau de contacts professionnels, très prisé des recruteurs et sur lequel vous placez votre profil de carrière.

 Foursquare. Un réseau de partage de géolocalisation, pratique pour trouver des commentaires sur ce qui est autour de vous.

 Si vous participez à plusieurs réseaux sociaux, essayez l'application **HootSuite** qui offre un tableau de bord intégrant les flux de réseaux comme Facebook, Twitter, LinkedIn, Google+, Myspace, Foursquare.

Publier sur Twitter ou Facebook depuis vos applications

Vous avez déjà croisé les icônes de Facebook et Twitter dans la fenêtre de partage. Vous pouvez en effet publier directement des photos ou des adresses Web sans passer par l'application dédiée, à condition que votre compte soit enregistré dans les Réglages.

Publiez depuis Photos

Si vous souhaitez publier une photo sur un réseau social, vous passerez par l'application **Photos**.

1 ▶ Touchez l'icône **Photos** dans l'écran d'accueil.

2 ▶ Affichez la photo que vous voulez publier et touchez 📤.

3 ▶ Touchez l'icône de Twitter ou de Facebook pour publier la photo sur le réseau social correspondant.

4 ▶ Une fenêtre apparaît, contenant la photo et un emplacement pour un message. Activez ou non la localisation. Complétez le message, en respectant la limite du nombre de caractères pour Twitter. Sur Facebook, vous pouvez modifier l'audience de partage et préciser l'album de la photo.

5 ▶ Touchez **Publier** pour publier le tweet ou partager la photo sur Facebook.

Publiez depuis Safari

Au cours de votre séance de surf avec **Safari**, vous pouvez partager une page Web sur **Twitter** ou **Facebook**.

1 ▶ Dans la page Web, touchez ⬆.

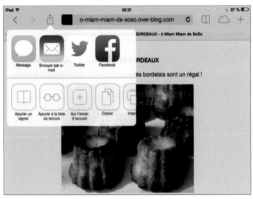

2 ▶ Touchez l'icône de Twitter ou de Facebook pour publier la photo sur le réseau social correspondant.

3 ▶ Une fenêtre apparaît, contenant un emplacement pour un message et l'image-lien vers la page Web. Complétez le message, en respectant la limite du nombre de caractères pour Twitter. Pour Twitter, l'adresse Web a été automatiquement abrégée. Pour la publication sur Facebook, vous pouvez modifier l'audience de partage.

Publiez avec Siri

Si vous avez activé **Siri**, vous pouvez l'utiliser pour publier un message sur un réseau social. Appuyez sur le bouton principal jusqu'à ce que Siri soit prêt et demandez-lui « Publie un statut Facebook » ou « Tweete : Nous venons d'arriver à destination ».

Télécharger des jeux

Le succès de l'iPad est aussi lié aux possibilités nouvelles qu'il a offertes en matière de jeu. Des applications de jeux ont été développées par dizaines de milliers et il en existe dans tous les domaines, gratuites comme payantes. Une conséquence de cette situation est la difficulté de trouver l'application rêvée : c'est comparable à trouver une aiguille dans une botte de foin !

Applications gratuites ou payantes ?

Il existe d'excellentes applications gratuites, et vraiment gratuites, c'est-à-dire qui n'affichent pas sans cesse des annonces publicitaires ou qui ne proposent pas que des fonctionnalités réduites, avec des offres d'améliorations payantes. Car, malheureusement, c'est à cela que ressemblent la grande majorité des applications gratuites ! Mais ces perles ne sont pas faciles à trouver.

Les versions payantes sont souvent les mêmes jeux sans publicités, mais ce n'est pas une règle. Si un jeu vous plaît beaucoup, vous trouverez peut-être plus intéressant d'acheter la version payante (à un prix raisonnable) que d'utiliser l'application gratuite dans laquelle vous êtes régulièrement sollicité ou qui vous énerve à cause des annonces incessantes ! La plupart des applications payantes ont un prix peu élevé, allant de moins d'un euro à une dizaine d'euros, mais n'oubliez pas : un iPad peut recevoir beaucoup d'applications !

Cherchez des jeux sur l'App Store

Malheureusement, l'App Store ne regorge pas d'outils de tri et vous êtes obligé de vous satisfaire des quelques possibilités qu'il vous offre.

- **En mode Sélection.** Vous pouvez trouver des collections de jeux, regroupées par thèmes. Mais chaque collection ne présente qu'une vingtaine de jeux et le nombre de collections n'est pas très élevé.

- **En mode Classements.** Les applications sont divisées en colonnes : gratuites et payantes. Pour affiner un peu la sélection, touchez **Catégories**, puis **Jeux**, et sélectionnez un type de jeux.

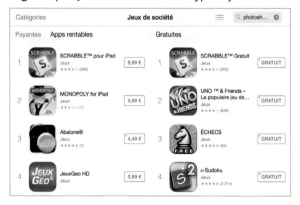

La meilleure méthode de sélection reste encore le bouche-à-oreille et les avis des amis et autres joueurs. Vous trouverez aussi de nombreux sites Web proposant des listes des « meilleurs jeux pour iPad », mais n'oubliez pas de tenir compte de la clientèle de ces sites. Si vous aimez surtout jouer au Boggle et résoudre un Sudoku, vous n'accrocherez pas nécessairement avec les superhéros ou les jeux pour « *gamers* ». Voyez, par exemple, les sites `vipad.fr` et `tablette.com` qui proposent des essais et critiques de nombreuses applications.

Renseignez-vous

La fiche de présentation d'une application fournit plus d'informations qu'on ne l'imagine.

1 ▶ Dans une liste de jeux de l'App Store, touchez l'icône d'un jeu pour ouvrir sa fiche de présentation.

2 ▶ Vérifiez la présence, sous le nom du jeu, de la mention « Inclut des achats intégrés ». Cela signifie que des transactions pourront être proposées par l'application.

3 ▶ Faites défiler vers le haut la partie inférieure de la fiche. Sous la rubrique « Informations », vous trouvez « Achats intégrés ». Touchez **Afficher les achats intégrés**. Vous obtenez le détail des achats inclus.

4 ▶ Touchez l'onglet **Avis** pour lire les commentaires des autres utilisateurs.

5 ▶ Si un jeu vous intéresse, approfondissez vos recherches dans l'App Store, car il existe souvent plusieurs versions. Par exemple, le jeu *Mais, où est Swampy ?* existe en version payante avec achats intégrés, en version gratuite sans achats, et la version 2 est gratuite avec achats intégrés !

Exigez le mot de passe et interdisez les achats intégrés

Pour effectuer un achat, vous devez saisir le mot de passe de votre identifiant Apple. Mais lorsque celui-ci a été saisi pour un achat, il n'est plus demandé durant les quinze minutes suivantes. Vous pouvez modifier ces réglages, par exemple si vous laissez d'autres personnes utiliser votre iPad.

1 ▶ Ouvrez **Réglages** et touchez **Général**.

2 ▶ Touchez **Restrictions**.

3 ▶ Touchez **Activer les restrictions**.

4 ▶ Saisissez un code à quatre chiffres d'accès aux restrictions, puis confirmez ce code.

5 ▶ Dans la catégorie Autoriser, désactivez **Achats intégrés** si vous refusez toute demande provenant des applications.

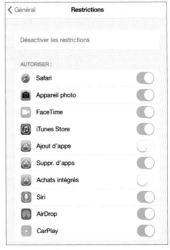

c'est facile Attention : il se pourrait que l'application Kiosque ne vous laisse plus acheter vos magazines au numéro ! Et si vous désactivez **Ajout d'apps**, l'icône d'App Store disparaîtra de votre écran d'accueil.

6 ▶ Dans la catégorie Contenu autorisé, touchez **Exiger le mot de passe**, puis touchez **Immédiatement**.

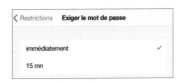

Utilisez l'accès guidé

Lorsque vous laissez un jeune enfant jouer avec un iPad, vous ne tardez pas à le retrouver dans une tout autre application que celle que vous lui avez ouverte. Et les conséquences ne sont pas toujours à votre goût. Vous serez alors heureux de connaître l'*accès guidé*. Cette fonction d'accessibilité limite l'accès à une seule application et permet en outre de désactiver les boutons de l'iPad, de verrouiller l'orientation et même de désactiver des zones de l'écran tactile.

1 ▶ Ouvrez **Réglages ▶ Général**, et touchez **Accessibilité**.

2 ▶ Faites défiler la page vers le bas et touchez **Accès guidé**.

3 ▶ Activez **Accès guidé**.

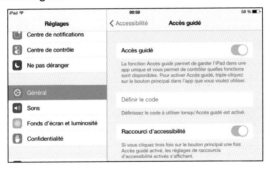

4 ▶ Saisissez un code à quatre chiffres, puis confirmez ce code.

5 ▶ Revenez à l'écran d'accueil et ouvrez l'application.

6 ▶ Dans l'application, appuyez trois fois sur le bouton principal. Deux barres d'outils apparaissent en haut et en bas de la fenêtre et l'écran de l'application rétrécit. Définissez vos restrictions : désactivation ou non des boutons, de l'écran tactile et du verrouillage de l'orientation, puis, si nécessaire, entourez dans l'écran de l'application les zones à désactiver.

161

7 ▶ Pour mettre l'accès guidé en fonctionnement, touchez **Début** en haut de l'écran.

8 ▶ Pour quitter l'application, il faudra appuyer trois fois sur le bouton principal et donner le code à quatre chiffres.

Découvrez Game Center

L'application intégrée **Game Center** est simplement l'équivalent d'une salle d'arcade dans laquelle vous jouez aux jeux que vous avez installés dans votre iPad et où vous pouvez rencontrer d'autres joueurs, amis et inconnus. Vous pouvez comparer vos résultats avec les autres et voir à quoi ils jouent.

Quelques suggestions de jeux

Voici une sélection éclectique de quelques applications de jeux, gratuites ou payantes, pour ceux qui sont curieux de découvrir l'univers ludique de l'iPad sans savoir par quelle voie s'y engager. Certaines de ces applications proposent des achats intégrés, mais il est parfaitement possible d'y jouer longtemps sans dépenser le moindre sou. En revanche, vous choisirez peut-être la version payante de certaines applications proposant trop de publicités à votre goût !

Jeux classiques

Échecs gratis. Un beau jeu d'échecs parmi tant d'autres. Citons, par exemple, *Chess with friends Free*, *Chess.com*, *Stock-Fish*.

Mahjong!! Un jeu solitaire bien conçu au dessin agréable. Là aussi, il existe des dizaines d'autres jeux de mah-jong.

Sudoku (Finger Arts). Beaux graphismes, jeu très apprécié avec des milliers de grilles gratuites, y compris en mode très facile pour joueurs pressés.

Questions pour un champion. Retrouvez le jeu télévisé et affrontez vos amis ou des inconnus. Une partie gratuite par jour.

Jeux célèbres

Des jeux ont vu le jour avec l'avènement de l'iPad en exploitant l'univers tactile. Plébiscités par des millions d'utilisateurs !

 Angry Birds HD Free. Découvrez les « *angry birds* » qui tentent de démolir les cochons en utilisant les lois de la balistique. Nombreux niveaux de difficulté. Propose des publicités.

 Cut the Rope HD Free. Coupez la corde au bon moment pour donner les bonbons à Om Nom. Plaît à toute la famille. Attention à l'addiction : la version payante comprend des achats intégrés !

 Fruit Ninja HD Free. Utilisez vos doigts pour couper les fruits qui traversent l'écran, mais attention, ne touchez pas les bombes ! Addictif de 4 à 104 ans ! La version payante accepte jusqu'à huit doigts sur l'écran simultanément. Avec des achats intégrés. Déclinez le service *OpenFeint*.

Jeux pour toute la famille

 Labyrinth. Mettez votre adresse à l'épreuve en guidant la bille d'acier dans le labyrinthe et testez tous les capteurs de direction de l'iPad !

 Hay Day. Menez une vie simple et champêtre en faisant fructifier la ferme dont vous avez hérité. Nourrissez moutons, vaches, cochons, couvées ; plantez du blé, des carottes ou des fraises ; vendez pain frais, tartes chaudes ou pulls faits maison. Relaxant... Comprend des achats intégrés.

 94 secondes. Vous avez 94 secondes pour trouver des mots commençant par une lettre imposée dans un thème donné. Nombreux thèmes, fautes de frappe tolérées, suggestions de réponses à la fin, ce jeu est très bien construit par une société française. Peut se jouer en six langues. Intéressant, éducatif et addictif. Publicités et achats intégrés (pièces pour acheter des jokers).

Jeux originaux

 Soundrop. Une application au graphisme très minimaliste qui permet de découvrir les sons et les rythmes. Dessinez des lignes pour faire rebondir les billes qui se déversent. Très surprenant. Achat intégré de la version Pro offrant plus de paramètres.

 Alchemy. Une autre application minimaliste. Vous avez quatre éléments de base et vous devez les combiner pour en créer de nouveaux. Simple, amusant et addictif. Humoristique aussi : vous devez, par exemple, arriver à créer de la bière ou Batman ! Version Pro sans publicités pour 1,79 €.

 Les jeux chiants. Une application comprenant des jeux de mémorisation, de réflexion ou de réflexe au graphisme très simple. Vous êtes prévenu dès le départ : « Personne ne te force à jouer à ces jeux, et pourtant tu vas le faire. » Version Pro sans publicités pour 1,79 €.

 Contre Jour. Guidez Petit dans un monde d'ombre et de lumière et manipulez les éléments pour réussir de savants puzzles. Avec une superbe bande-son et 5 chapitres de 100 niveaux. Ce jeu a reçu de nombreuses récompenses (2,69 €).

Jeux pour les enfants

 Match Blitz. Trouvez l'élément commun. Une vraie application éducative gratuite, sans achats intégrés ni publicités, sans renvoi aux réseaux sociaux ni collecte de données privées. L'application évalue le niveau des joueurs et adapte son niveau de difficulté. De 1 à 4 joueurs.

 Tic Tac Time. Six jeux pour apprendre à lire l'heure et découvrir le mécanisme du temps et le cycle de la Terre. Spécialement conçu pour les 5 à 8 ans. 3,99 €.

 Pierre et le loup. Merveilleuse adaptation poétique et ludique du chef-d'œuvre de Prokofiev. Avec un film de 30 min et 9 activités musicales interactives. 3,59 €.

 Les trois petits cochons. Une histoire interactive et animée, excellent outil d'apprentissage de la lecture, permet aussi la découverte de nouvelles langues (traduction en 7 langues). Le livre complet coûte 3,99 €.

10

Exploiter les applications intégrées

Ce chapitre vous présente les autres applications utiles, installées par défaut par iOS 7, celles dont vous voyez les icônes chaque fois que vous revenez à votre écran d'accueil : **Plans**, **Horloge**, **Calendrier**, **Notes** et **Rappels**. Vous découvrirez aussi quelques applications de bureautique, offertes par Apple sous certaines conditions.

DANS CE CHAPITRE

▶ Se repérer avec Plans

▶ Choisir un itinéraire

▶ Localiser des amis

▶ Gérer le temps avec Calendrier et Horloge

▶ Ne plus rien oublier grâce à Notes et Rappels

▶ Pages, Numbers, Keynote et les autres

APPLICATIONS PRÉSENTÉES DANS CE CHAPITRE

 Plans

 Horloge

 Calendrier

 Rappels

 Notes

Plans

Plans est l'application de cartes fournie par Apple. Repérez-vous, examinez des cartes de la plupart des pays du monde en mode plan ou en mode photo satellite et calculez vos itinéraires. Tout cela à condition d'être connecté à Internet, que ce soit par Wi-Fi ou par données mobiles ; sinon, la plupart des fonctions de l'application seront inopérantes.

Orientez-vous avec Plans

1 ▶ Touchez **Plans**. À son ouverture, Plans affiche la dernière carte utilisée. Si vous avez activé les services de localisation de l'application, touchez ⊲ en bas à gauche de l'écran.

2 ▶ La carte est centrée sur un repère bleu indiquant votre position. Un cercle bleu apparaît autour du repère. Plus votre position est précise, plus ce cercle est petit.

c'est facile Dans les grandes villes, des points d'intérêt peuvent apparaître sur la carte des alentours. Touchez l'un de ces points pour voir son nom et accéder à sa fiche détaillée.

3 ▶ Touchez l'icône de localisation devenue ⊿ pour activer la boussole intégrée. L'angle apparu sur le repère de positionnement indique à quelle direction vous faites face, et une petite boussole devient visible en haut de l'écran. L'icône de localisation est devenue ⋏.

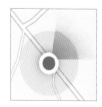

4 ▶ Touchez à nouveau l'icône de localisation pour désactiver la boussole.

c'est facile Dans la barre sous la carte, touchez ⓘ pour ouvrir le menu des options d'affichage. Lorsque la vue en perspective existe, géné-ralement dans les grandes villes, le bouton 3D devient 🏛 si l'affi-chage choisi est **Mixte** ou **Satellite**. Il vous permet de voir les bâti-ments sous tous leurs angles.

en 4 étapes

Recherchez une adresse

Plans peut retrouver une adresse et vous montrer la carte des environs, à l'échelle de votre choix.

1 ▶ Touchez le champ **Recherche ou adresse** en haut de l'écran.

2 ▶ Saisissez l'adresse ou l'élément à chercher, par exemple un nom de lieu, une ville, un code postal ou le nom d'un magasin.

3 ▶ Touchez **Rechercher** sur le clavier. La carte place un repère en forme d'épingle sur l'endroit cherché. Si plusieurs emplacements sont trouvés, la carte affiche une série d'épingles. Touchez l'épingle de votre choix pour voir le nom de ce repère.

c'est facile Si votre localisation est activée, touchez 🚗 pour obtenir l'itiné-raire de votre emplacement actuel vers l'adresse repérée. Avec un iPad Wi-Fi + Cellular, vous avez alors en main un GPS qui vous gui-dera durant tout le trajet, en recalculant l'itinéraire si vous déviez de la route indiquée.

4 ▶ Appuyez sur ⓘ pour ouvrir la fiche détaillée. À partir de cette fiche, vous pouvez calculer l'itinéraire vers ce lieu ou depuis ce lieu en voiture, ou en transports en commun à condition d'avoir une application dédiée, créer un contact, ajouter ces informations à un contact ou créer un signet.

 ## Ajoutez un repère et enregistrez un signet

À l'inverse, vous pouvez aussi placer manuellement un repère sur une carte et obtenir ainsi l'adresse.

1 ▶ Sur la carte, maintenez le doigt à l'emplacement où vous voulez placer le repère.

2 ▶ Un repère (épingle violette) est planté à cet endroit et affiche l'adresse approximative. Pour le déplacer, maintenez le doigt dessus et faites-le glisser.

 Un repère de ce type est provisoire. Il disparaît à la recherche suivante. Pour le retrouver, transformez-le en signet.

3 ▶ Touchez ⓘ pour ouvrir la fiche.

4 ▶ Touchez **Nouv. Signet**, changez
au besoin le nom du signet,
puis touchez **Enregistrer**.
L'épingle devient rouge.

5 ▶ Pour retrouver un signet,
touchez **Signets** en haut à
droite de l'écran, puis touchez
Signets dans les onglets du bas de la fenêtre.

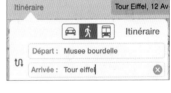

6 ▶ Touchez le signet voulu dans la liste. La carte centrée sur ce lieu
s'affiche.

Calculez un itinéraire

Vous avez vu comment obtenir l'itinéraire entre votre lieu actuel et
une adresse recherchée, mais vous pouvez aussi calculer un itinéraire
indépendant de votre localisation.

1 ▶ Touchez **Itinéraire**.

2 ▶ Par défaut, l'iPad indique
« Lieu actuel » comme point
de départ. Saisissez une
adresse dans chacune des
zones **Départ** et **Arrivée**.
Les adresses déjà utilisées

apparaissent dans la liste. Touchez une adresse pour l'utiliser à
nouveau. Utilisez ↕ pour intervertir les points de départ et d'arrivée.

3 ▶ Choisissez le type d'itinéraire, routier ou piéton.

4 ▶ Un avertissement de sécurité
s'affiche. Touchez **OK** et
l'itinéraire demandé apparaît.
Si plusieurs chemins sont
intéressants, Plans les affiche.
Touchez votre itinéraire
préféré.

5 ▶ Touchez **Démarrer**.

- Si vous êtes en mode GPS, le guidage audio (itinéraire routier seulement) vous décrit le chemin à prendre en vous l'indiquant sur la carte. Si vous déviez de l'itinéraire, Plans recalculera automatiquement le chemin.

- Si ce n'est pas le cas, faites défiler les différentes étapes dans le haut de l'écran et la carte se déplacera pour vous montrer les détails de chaque bifurcation.

6 ▶ Touchez **Aperçu** pour revenir à l'itinéraire complet. Touchez ☰ pour voir la liste complète des étapes.

7 ▶ Touchez **Reprendre** pour revenir à l'itinéraire ou **Fin** pour le quitter.

c'est facile Pour imprimer un itinéraire à emporter, touchez ⓘ dans le coin inférieur droit lorsque vous êtes dans l'aperçu de l'itinéraire, puis touchez **Imprimer le plan**. Vous obtiendrez une version imprimée détaillée du chemin à prendre, avec une carte pour chaque bifurcation.

Localisez vos amis

L'application **Localiser mes amis** conçue par Apple a des commandes très similaires à celles de Plans. Elle permet de demander à d'autres personnes de partager leur localisation avec vous. Vous pouvez notamment faire une demande limitée dans le temps en utilisant la commande **Ajouter ▶ Partage temporaire** et en définissant la fin du délai de partage de localisation, par exemple « jusqu'à dimanche 18h30 », ou définir des notifications qui seront envoyées à votre arrivée ou au départ d'un point défini. Lorsqu'un ami partage sa localisation avec vous, vous pouvez le prévenir automatiquement de vos déplacements et être prévenu lorsqu'il arrive ou quitte un endroit.

Veillez à bien définir vos réglages en touchant ⓘ dans l'étiquette **Moi** repérant votre position. Vous pouvez décider si vous acceptez les alertes *geofence* (de géolocalisation) de **Tout le monde** ou de **Seulement vos amis**. Vous pouvez aussi masquer votre position.

Des cartes sans réseau

L'application **Plans**, comme **Google Maps**, sa concurrente gratuite, exige la connexion à Internet pour fonctionner. Lorsque vous avez pris l'habitude d'utiliser votre iPad pour vous repérer, vous vous retrouvez dépourvu sans réseau. Tournez-vous alors vers **City-** **Maps2Go**. Grâce à cette application, vous téléchargerez gratuitement des cartes et des guides du monde entier, disponibles hors connexion. Pensez-y en planifiant vos déplacements. L'application gratuite offre deux cartes et l'application payante, un nombre illimité parmi les milliers de cartes disponibles.

Horloge et Calendrier

Maîtrisez le temps grâce à votre iPad. **Horloge** vous permet de savoir à tout moment l'heure exacte, mais aussi celle de n'importe quel coin du monde. Et l'application est à elle seule une horloge, un réveil, un chronomètre et un minuteur ! Quant au **Calendrier**, il est tout indiqué pour organiser votre emploi du temps, retenir vos rendez-vous et vous avertir en temps utile.

Affichez l'heure

en 4 étapes

Remarquez que votre heure actuelle est affichée en temps réel dans l'icône de l'application **Horloge**.

1 ▶ Pour voir l'heure actuelle dans plusieurs villes du monde, touchez **Horloge**. La page Horloges présente par défaut l'heure dans cinq villes du monde, ainsi qu'une mappemonde illustrant la position des villes, un aperçu des conditions météo qui y règnent et la répartition jour/nuit actuelle sur la terre.

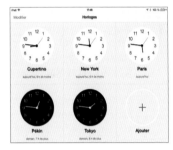

 c'est facile La barre au bas de l'écran présente les quatre modes de l'application Horloge.

2 ▶ Pour ajouter une ville de référence, touchez **+** dans le sixième emplacement. Si les six places sont occupées, des petits points dans le haut de la mappemonde indiquent que d'autres pages sont disponibles. Faites défiler les pages pour atteindre un emplacement disponible.

3 ▶ Saisissez le nom de la ville choisie ou trouvez-le dans la liste en faisant défiler celle-ci ou en utilisant l'index alphabétique. Touchez le nom choisi. L'heure actuelle à cet endroit s'affiche dans une nouvelle horloge et la ville apparaît sur la mappemonde.

4 ▶ Pour modifier les horloges, touchez **Modifier**, puis utilisez 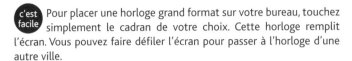 pour déplacer une ville, ou ●, puis **Supprimer** pour l'éliminer.

c'est facile Pour placer une horloge grand format sur votre bureau, touchez simplement le cadran de votre choix. Cette horloge remplit l'écran. Vous pouvez faire défiler l'écran pour passer à l'horloge d'une autre ville.

Réglez une alarme

Pour utiliser l'iPad comme réveil, ou pour qu'il vous avertisse à l'heure de votre choix, définissez une alarme.

1 ▶ Touchez 🕐 dans la barre inférieure.

2 ▶ Pour définir une nouvelle alarme, touchez + dans le haut de l'écran.

3 ▶ Faites défiler les chiffres pour choisir l'heure et les minutes, touchez **Récurrence** pour établir une alarme régulière, modifiez la description à votre goût.

4 ▶ Touchez **Sonnerie** pour choisir la mélodie de l'alarme. Vous entendez la mélodie choisie chaque fois que vous touchez un nom. L'option **Rappel d'alarme** affiche aussi une alerte sur l'écran lorsque l'alarme sonne. Si l'option est désactivée, l'alarme ne sonnera qu'une seule fois, jusqu'à ce que vous l'arrêtiez.

Annuler	**Alarme**	Enregistrer
	03	47
	04	48
	05	49
	06	**50**
	07	51
	08	52
	09	53
Récurrence		Lun Mar Mer ❯
Description		Réveil ❯
Sonnerie		Ricochets ❯
Rappel d'alarme		⬤

c'est facile Lorsque le rappel d'alarme est actif, à la sonnerie de l'alarme, touchez l'écran verrouillé ou **Rappel** pour l'interrompre et elle recommencera à sonner dix minutes plus tard. Pour l'arrêter définitivement, touchez **OK** dans l'alerte si l'iPad est déverrouillé ou ouvrez l'application **Horloge** pour désactiver ou supprimer l'alarme.

5 ▶ Lorsque vous avez terminé, touchez **Enregistrer**.

L'alarme est maintenant active et une icône le signale dans la barre d'état.

 Pour désactiver une alarme, ouvrez **Horloge▶Alarme**, touchez la période choisie dans la semaine et faites glisser le curseur vers la droite. Pour la supprimer, touchez ⬤, puis **Supprimer**.

Chronométrez

1 ▶ Touchez **Horloge ▶ Chronomètre**.

2 ▶ Touchez **Démarrer** pour déclencher le chronomètre.

 Si vous utilisez une autre application, le chronomètre continue à mesurer le temps en arrière-plan.

3 ▶ Pour chronométrer des tours ou des intervalles de temps tout en continuant de comptabiliser la durée totale, touchez **Tour** à chaque changement de tour.

4 ▶ Pour faire une pause, touchez **Arrêter**, puis touchez **Démarrer** pour reprendre la mesure.

5 ▶ Pour redémarrer à zéro, touchez **Arrêter**, puis **Effacer**.

Programmez le minuteur

À tout moment, vous pourriez avoir besoin de mesurer un laps de temps, par exemple pour la cuisson d'un gâteau ou la durée d'un tour de Scrabble. C'est pourquoi le minuteur est accessible depuis le Centre de contrôle.

1 ▶ Faites glisser du bas de l'écran vers le haut et touchez 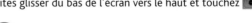.

 Vous pouvez aussi ouvrir le minuteur en touchant **Horloge ▶ Minuteur**.

2 ▶ Réglez la durée à mesurer en heures et minutes.

3 ▶ Touchez pour choisir la sonnerie.

> **c'est facile** Le minuteur peut vous aider à vous endormir en musique. À l'étape 3, au lieu de choisir une sonnerie, touchez **Arrêter la lecture** en bas de la liste. Au bout du temps imparti, la lecture de musique ou de vidéo sera automatiquement interrompue.

4 ▶ Touchez **Démarrer** pour lancer le décompte. Touchez **Pause**, puis **Reprendre** pour interrompre momentanément le décompte.

5 ▶ En touchant **OK**, vous annulez le décompte et vous êtes prêt à recommencer.

en 4 étapes

Retenez des événements avec Calendrier

Calendrier est une application qui gère un ou plusieurs agendas et y conserve les événements à ne pas oublier.

mardi

12

1 ▶ Touchez **Calendrier**. L'écran affiche le calendrier dans la même présentation que lors de sa dernière utilisation. Les onglets du haut permettent de choisir un affichage par jour, semaine, mois ou année. La date du jour est mise en surbrillance.

2 ▶ Pour ajouter un événement, touchez ＋ dans le coin supérieur droit. La fiche Événement s'ouvre.

3 ▶ Saisissez les données de
l'événement : titre, lieu, date et
heure de début, date et heure de fin.
Touchez **Récurrence** si l'événement
doit se reproduire, **Invités** si vous
souhaitez envoyer des invitations,
Alarme pour recevoir une alerte
avant l'événement (5 minutes à
2 jours), **Calendrier** pour choisir un
calendrier.

4 ▶ Touchez **OK** et l'événement s'inscrit
dans votre calendrier.

 ## Consultez et gérez les calendriers

Vous pouvez créer plusieurs calendriers, par exemple pour chaque
membre de la famille, et afficher l'ensemble des événements de tous
les calendriers ou en masquer certains.

1 ▶ Choisissez un mode d'affichage par jour, semaine, mois ou année.
Dans l'affichage par mois, les événements sont repérés par un point.
La couleur du point signale le type de calendrier. Dans l'affichage par
semaine, la durée de chaque événement est illustrée.

 L'affichage par année ne montre pas les événements.

2 ▶ Faites défiler les pages du
calendrier en les faisant glisser.
Revenez à l'affichage du jour
en touchant **Aujourd'hui** dans
le coin inférieur gauche. Par
défaut, tous les calendriers

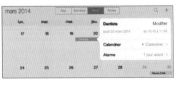

sont cumulés dans une page. Touchez un événement pour voir sa fiche.

c'est facile Pour modifier un événement, ouvrez sa fiche en touchant **Modifier**. Pour supprimer un événement, touchez **Supprimer l'événement** en bas de la fiche.

3 ▶ Pour ajouter un calendrier ou modifier l'affichage des calendriers, touchez **Calendriers** au bas de l'écran.

4 ▶ Pour ajouter un calendrier, touchez **Modifier**, puis touchez **Ajouter un calendrier**. Donnez-lui un nom et attribuez-lui une couleur, puis touchez **OK**. Touchez encore **OK** pour revenir à la fenêtre Affichage.

5 ▶ Dans la fenêtre Affichage, touchez le nom d'un calendrier pour le masquer immédiatement, puis touchez **OK** pour revenir à l'affichage des calendriers.

Modifier	**Affichage**	OK
iCloud		
	iCloud (tous)	
✓ • Personnel		ⓘ
• Professionnel		ⓘ
✓ • Florian		ⓘ
Facebook		
✓ ▪ Événements Facebook		
Autre		
✓ ▪ Anniversaires		
Calendriers		

Notes et Rappels

 en 4 étapes

Prenez des notes

Notes est l'application qui remplace les Post-it collés sur les bords de l'écran. Vous pouvez partager, imprimer ou copier vos notes.

1 ▶ À l'ouverture de Notes, la liste des notes existantes apparaît, la note la plus récente en haut de la liste. Pour ajouter une note, touchez ✎ dans le coin supérieur droit.

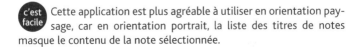 **c'est facile** Cette application est plus agréable à utiliser en orientation paysage, car en orientation portrait, la liste des titres de notes masque le contenu de la note sélectionnée.

2 ▶ Saisissez la note avec le clavier ou collez un texte d'un message ou d'une page Web. Le titre de la note (dans le volet gauche) est sa première ligne. La note est immédiatement enregistrée dès sa saisie.

3 ▶ Touchez le contenu d'une note pour activer le clavier ou touchez 🗑 pour la supprimer. Pour partager, copier ou imprimer une note, touchez 🖻.

4 ▶ Vous pouvez ajouter des notes depuis un autre appareil connecté au même compte iCloud. Pour voir les notes de votre compte iCloud, touchez **Comptes** dans le coin supérieur gauche.

Gérez les listes de tâches

L'application **Rappels** conserve des listes de tâches et vous les rappelle à des moments prévus ou lorsque vous rejoignez des lieux désignés.

1 ▶ Touchez **Rappels**. Le contenu de la dernière liste créée est présenté à droite et les listes existantes figurent à gauche de l'écran.

2 ▶ Pour créer une liste, touchez **Ajouter la liste** en bas de l'écran. Donnez un nom à la liste, choisissez une couleur et touchez **OK**.

3 ▶ Pour ajouter un élément à la liste, touchez la partie vide sous les éléments existants et saisissez l'élément suivant avec le clavier. Touchez **Retour** dans le clavier pour ajouter une ligne.

4 ▶ Pour ajouter une alerte, une priorité ou une note complémentaire à un élément, touchez-le, puis touchez ⓘ à côté de cet élément.

c'est facile Si vous avez activé les services de localisation de cette application, l'option **Me le rappeler dans un lieu** permet de vous alerter lorsque vous rejoignez ou quittez un endroit spécifié. Ce réglage n'est pas toujours très précis.

5 ▶ Définissez les détails de l'élément et touchez **OK**.

c'est facile Au moment prévu, le rappel s'affichera sur votre écran. Touchez **Afficher** pour voir les détails dans l'application Rappels.

6 ▶ Pour modifier l'ordre des listes ou en supprimer, toucher **Modifier** en bas de l'écran, puis déplacez une liste avec ▬ ou supprimez-la avec ⊖.

c'est facile Si vous avez activé Siri, vous pouvez aussi créer un rappel en lui dictant une instruction du type « Rappelle-moi de… ». Consultez le chapitre 3 pour plus d'informations à propos de Siri.

Affichez une liste

Consultez vos listes lorsque vous en avez besoin. Une pastille sur l'icône de **Rappels** indique le nombre de rappels passés.

1 ▶ Ouvrez **Rappels**. Touchez la liste à consulter.

2 ▶ Pour cocher un élément terminé, touchez le point à sa gauche.

3 ▶ Pour modifier la couleur de la liste, pour changer l'ordre des éléments ou pour en supprimer un, touchez **Modifier** à côté du nom de la liste. Déplacez un élément avec ▬ ou supprimez-le avec ⊖. Touchez **OK** lorsque vous avez terminé.

Les applications de bureautique

Parmi les « Apps conçues par Apple » dans l'App Store, vous trouvez les applications formant la suite bureautique d'Apple, composée d'un traitement de texte, **Pages**, d'un tableur, **Numbers**, et d'un logiciel de présentation, **Keynote**. Ces applications sont payantes, mais Apple les offre gratuitement à tout acheteur d'un iPad depuis le 1er septembre 2013. Toutes ces applications sont conçues pour sauvegarder automatiquement vos documents sur iCloud.

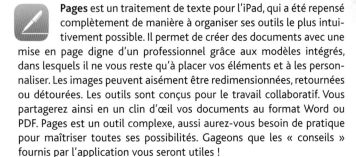

Pages est un traitement de texte pour l'iPad, qui a été repensé complètement de manière à organiser ses outils le plus intuitivement possible. Il permet de créer des documents avec une mise en page digne d'un professionnel grâce aux modèles intégrés, dans lesquels il ne vous reste qu'à placer vos éléments et à les personnaliser. Les images peuvent aisément être redimensionnées, retournées ou détourées. Les outils sont conçus pour le travail collaboratif. Vous partagerez ainsi en un clin d'œil vos documents au format Word ou PDF. Pages est un outil complexe, aussi aurez-vous besoin de pratique pour maîtriser toutes ses possibilités. Gageons que les « conseils » fournis par l'application vous seront utiles !

Numbers permet de créer facilement des feuilles de calcul et de les transformer en graphiques superbes, illustrés ou même interactifs, grâce à ses nombreux outils intelligemment disposés et aux centaines de fonctions intégrées. Vous serez aidé par un clavier intelligent affichant automatiquement les commandes adaptées aux données sur lesquelles vous travaillez, qu'il s'agisse de nombres, de dates, de texte ou de formules. La compatibilité avec Excel ayant été soigneusement implémentée, vous pourrez enregistrer vos feuilles de calcul au format Excel ou importer directement des feuilles Excel. À l'exception des tableaux croisés dynamiques, les fonctionnalités majeures d'Excel sont prises en charge.

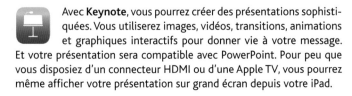

Avec **Keynote**, vous pourrez créer des présentations sophistiquées. Vous utiliserez images, vidéos, transitions, animations et graphiques interactifs pour donner vie à votre message. Et votre présentation sera compatible avec PowerPoint. Pour peu que vous disposiez d'un connecteur HDMI ou d'une Apple TV, vous pourrez même afficher votre présentation sur grand écran depuis votre iPad.

11

Synchroniser et sauvegarder

Pour une raison ou une autre, qu'il s'agisse d'un dépannage ou de l'achat d'un nouvel iPad, par exemple, vous devrez peut-être un jour réinitialiser ou restaurer votre appareil. Pour pouvoir réinstaller tout votre contenu – réglages, applications, données et documents –, celui-ci doit au préalable avoir été sauvegardé. La sauvegarde peut être effectuée par iCloud, un espace sur les serveurs Apple, et par iTunes sur votre ordinateur.

DANS CE CHAPITRE

▶ Synchroniser ou sauvegarder ?

▶ Sauvegarder avec iCloud

▶ Sauvegarder avec iTunes

▶ Réinitialiser l'iPad

▶ Restaurer une sauvegarde

APPLICATIONS PRÉSENTÉES DANS CE CHAPITRE

Réglages

Synchroniser et sauvegarder avec iCloud

iCloud peut stocker dans le « nuage » votre contenu, notamment la musique, les photos, les contacts, les calendriers et les documents que vous avez créés. iCloud conserve aussi automatiquement l'historique de tous vos achats effectués sur l'App Store, sur l'iTunes Store et sur iBooks. Ce contenu sera accessible à tous vos appareils iOS et ordinateurs configurés avec le même compte iCloud, qui sont alors *synchronisés*. Même si vous n'avez aucun autre appareil, votre compte iCloud peut ainsi conserver vos données et vous permettre de les restaurer en cas de besoin.

 Attention à ne pas confondre : la **synchronisation** conserve *en temps réel* une copie de certaines données. Si vous supprimez un élément, il est supprimé immédiatement dans tous les appareils synchronisés. En revanche, la **sauvegarde** conserve une copie des données, saisie *à un instant précis*. Si vous supprimez un élément, il peut être retrouvé dans la dernière sauvegarde avant sa suppression. iCloud synchronise certains éléments et en sauvegarde d'autres (voyez plus loin le détail des options de sauvegarde).

Configurez iCloud

Si vous avez créé une adresse e-mail sur iCloud.com (consultez le chapitre 5), vous avez déjà un compte iCloud. Si vous n'avez pas encore de compte iCloud, voici comment en créer un.

1 ▶ Touchez **Réglages** ▶ **iCloud**.

2 ▶ Touchez **Identifiant** et saisissez votre identifiant Apple et votre mot de passe, puis touchez **Connexion**.

 Vous pouvez aussi toucher **Nouvel identifiant Apple gratuit** pour créer une nouvelle adresse.

3 ▶ Activez toutes les applications dont vous souhaitez synchroniser les données par iCloud.

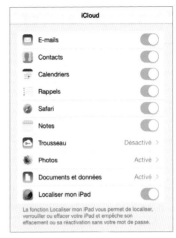

 c'est facile Si vous avez d'autres appareils avec lesquels vous souhaitez synchroniser vos achats de musique, de livres et d'applications, touchez **iTunes Store et App Store** dans la colonne Réglages, puis activez les téléchargements automatiques. iCloud doit aussi être configuré sur ces appareils.

en 4 étapes

Sauvegardez avec iCloud

En plus de synchroniser les données des applications choisies (Contacts, Calendrier, Notes, *etc.*), iCloud peut sauvegarder automatiquement les photos et les vidéos de votre Pellicule, les réglages personnalisés de votre écran d'accueil et de votre iPad, les données d'applications, les données de Mail et de Messages, les sonneries, l'historique de vos achats et plus encore.

1 ▶ Touchez **Réglages** ▶ **iCloud**, puis touchez **Stockage/Sauvegarde**.

2 ▶ Activez le curseur **Sauvegarde iCloud**.

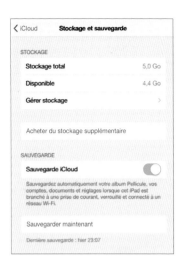

c'est facile Vos données seront sauvegardées automatiquement tous les jours du moment que l'iPad est connecté à Internet par Wi-Fi, est verrouillé et est connecté à une prise de courant.

3 ▶ Pour effectuer une sauvegarde manuelle, touchez **Sauvegarder maintenant**.

4 ▶ Pour voir le détail du contenu de la sauvegarde par applications, touchez **Gérer stockage**, puis touchez le nom de votre iPad. La section « Options de sauvegarde » présente toutes les données d'application sauvegardées. Vous pouvez désactiver les applications à ne pas sauvegarder.

c'est facile Les fichiers multimédias synchronisés à partir de votre ordinateur, vos CD convertis par iTunes, par exemple, ne sont pas sauvegardés, mais peuvent être restaurés en effectuant une synchronisation avec iTunes.

Trousseau iCloud

Le Trousseau iCloud conserve pour vous noms de comptes, mots de passe et numéro de carte de crédit, chiffrés de manière sécurisée, afin de vous aider à vous identifier sur les nombreux sites qui demandent une identification. Pour activer votre trousseau, touchez **Trousseau** dans la page **Réglages ▶ iCloud**, activez le curseur, puis suivez les instructions.

Synchroniser et sauvegarder avec iTunes

La section « Chargez vos fichiers musicaux dans l'iPad » du chapitre 7 présente la synchronisation de la musique avec iTunes. Vous pouvez synchroniser ainsi vos films et séries TV et vos livres électroniques. En passant par la sous-fenêtre Photos dans iTunes, vous pouvez aussi synchroniser des photos et des vidéos de votre ordinateur afin de les enregistrer dans l'iPad. Dans ce cas, il peut être judicieux de vérifier l'espace disponible dans votre iPad en touchant **Réglages ▶ Général ▶ Informations**.

‹ Général	**Informations**	
Nom		iPad de TK ›
Morceaux		33
Vidéos		15
Photos		173
Applications		13
Capacité		12,8 Go
Disponible		9,5 Go
Version		7.1 (11D167)
Modèle		MD785C/A

Certains fichiers et réglages de votre appareil peuvent aussi être automatiquement sauvegardés dans votre ordinateur par iTunes, mais pour une sauvegarde automatique, vous devez *choisir* entre iCloud et iTunes. En revanche, il est possible de configurer la sauvegarde automatique avec iCloud et d'effectuer des sauvegardes manuelles avec iTunes.

Si vous préférez éviter l'emploi du réseau et conserver vos sauvegardes localement, vous donnerez la préférence à la sauvegarde automatique avec iTunes.

 c'est facile Pour en savoir plus sur le choix de la sauvegarde iOS la plus adaptée, iCloud ou iTunes, consultez la page Web http://support.apple.com/kb/HT5262. Si, pour une raison quelconque, vous deviez réinitialiser votre iPad alors que vous avez oublié votre mot de passe, la sauvegarde iTunes pourrait être votre seul moyen de retrouver votre contenu.

en 4 étapes Sauvegardez automatiquement avec iTunes

Les informations sauvegardées comprennent les messages de texte, les notes, les contacts favoris, la configuration sonore, les réglages, *etc*. En outre, les photos présentes dans la Pellicule sont sauvegardées. Les autres fichiers multimédias (tels que votre musique, vos podcasts, vos vidéos et certaines photos) ne sont pas sauvegardés, mais peuvent être restaurés par synchronisation avec iTunes.

1 ▶ Connectez votre iPad à l'ordinateur avec lequel vous le synchronisez, puis sélectionnez-le dans iTunes.

2 ▶ Cliquez sur **Résumé**.

3 ▶ Dans le cadre « Sauvegardes », cliquez sur **Cet ordinateur** (au-dessous de Sauvegarder automatiquement).

4 ▶ Si vous souhaitez chiffrer votre copie de sauvegarde, cochez la case **Chiffrer la sauvegarde locale**, saisissez votre mot de passe, puis cliquez sur **Définir le mot de passe**.

en 3 étapes Sauvegardez manuellement avec iTunes

La sauvegarde manuelle par iTunes peut être effectuée en plus de la sauvegarde automatique par iCloud. Elle permet de conserver localement une copie des réglages et des données de l'iPad.

1 ▶ Connectez votre iPad à l'ordinateur avec lequel vous le synchronisez, puis sélectionnez-le dans iTunes.

2 ▶ Cliquez sur **Résumé**.

3 ▶ Dans le cadre « Sauvegardes », cliquez sur **Sauvegarder maintenant** (au-dessous de Sauvegarder et restaurer manuellement). Si certaines applications de l'iPad ne sont pas synchronisées avec iTunes, un message vous demandera si vous voulez les sauvegarder.

c'est facile Dans votre ordinateur, vous pouvez supprimer une sauvegarde en cliquant sur **Édition ▶ Préférences ▶ Appareils** dans le logiciel iTunes.

Réinitialiser l'iPad

Si vous avez reçu un iPad contenant des données, assurez-vous qu'il n'est pas verrouillé par un code que vous ne connaissez pas et qu'il n'est pas connecté à un compte iCloud avec la fonction **Localiser mon iPad** activée. Si c'est le cas, contactez l'ancien propriétaire pour lui demander de se connecter à l'adresse icloud.com/find, de sélectionner l'appareil et d'effacer les données contenues dans l'iPad. L'appareil doit ensuite être retiré de son compte. Un appareil sur lequel la fonction **Localiser mon iPad** est activée exige le mot de passe du compte iCloud pour désactiver cette dernière, pour effacer le contenu de l'appareil et pour le réactiver, même lorsque les données ont été effacées à distance.

Réinitialisez l'iPad

en 3 étapes

Pour effacer les données de votre iPad, ne tentez pas de les supprimer manuellement car ceci les supprimerait aussi du serveur iCloud et des appareils synchronisés. Effectuez plutôt une réinitialisation.

1 ▶ Touchez **Réglages** ▶ **Général**.

2 ▶ Faites défiler la colonne Général jusqu'en bas et touchez **Réinitialiser**.

3 ▶ Touchez **Effacer contenu et réglages**. Ceci supprime la totalité des informations et données, multimédias ou autres, contenues dans l'iPad. Si la fonction **Localiser mon iPad** est activée, vous devrez saisir le mot de passe du compte. L'appareil sera ensuite retiré du compte afin de pouvoir être activé par un nouveau propriétaire ou réactivé par vous-même.

c'est facile **Réinitialiser tous les réglages** réinitialise l'ensemble des réglages et des préférences. **Réinitialiser les réglages réseau** permet d'effacer la liste de tous les réseaux Wi-Fi connus. **Réinitialiser le dictionnaire clavier** efface les mots que vous avez ajoutés lors de la saisie de texte, grâce à l'option de correction automatique. **Réinitialiser l'écran d'accueil** replace toutes les icônes originales dans l'écran d'accueil comme au premier démarrage de l'iPad, les autres applications sont classées par ordre alphabétique. **Réinitialiser localisation et confidentialité** réinitialise les services de localisation et les réglages de confidentialité à leurs paramètres par défaut.

Restaurer à partir d'iCloud ou d'iTunes

Si l'iPad sur lequel vous voulez restaurer une sauvegarde contient des données, vous devez commencer par le réinitialiser. Si vous avez réinitialisé votre iPad ou si vous souhaitez configurer un nouvel appareil avec vos données, vous pouvez utiliser la sauvegarde iCloud ou iTunes pour réinstaller tout votre contenu sauvegardé.

Lorsque vous êtes invité à configurer votre appareil comme un nouvel appareil, ou à effectuer une restauration à partir d'une sauvegarde, sélectionnez **Restaurer à partir d'iCloud** ou **Restaurer à partir d'une sauvegarde iTunes**, puis suivez les instructions en saisissant votre identifiant et votre mot de passe à la demande. Choisissez parmi les trois dernières sauvegardes celle à partir de laquelle vous voulez restaurer les données. Les copies de sauvegarde chiffrées sont munies d'une icône de cadenas dans la liste. Si vous choisissez une sauvegarde chiffrée, vous devrez saisir votre mot de passe avant de lancer la restauration.

Après le redémarrage de l'appareil avec vos réglages et vos comptes, la fonction **Sauvegarde** commence le téléchargement de vos données et de tout le contenu que vous aviez acheté (musique, applications, livres, *etc.*). Vous pourriez être invité à saisir un mot de passe durant les opérations. Il est préférable de laisser l'iPad branché sur une prise de courant du début à la fin de la restauration, car celle-ci peut être longue.

Avec iCloud, pour vérifier si la restauration est terminée, touchez **Réglages ▸ iCloud ▸ Stockage/Sauvegarde** et vérifiez la liste.

En résumé, les données synchronisées avec iCloud (par exemple, les contacts, les calendriers et les signets) seront automatiquement replacées dans l'appareil une fois que vous serez connecté à votre compte, tandis que les données locales, comme les messages ou les photos et vidéos de la Pellicule, doivent être restaurées à partir d'une sauvegarde. Pour récupérer la musique qui n'a pas été achetée sur iTunes, synchronisez l'appareil avec iTunes sur ordinateur.

Protection, dépannage et accessoires

Quelques manœuvres simples vous aideront à mettre vos données personnelles à l'abri des regards non autorisés. Si vous oubliez votre iPad dans un endroit public, cela ne suffira peut-être pas à vous le faire retrouver, mais vous mettrez au moins toutes les chances de votre côté. La version 7 d'iOS apporte son lot d'améliorations et de nouvelles fonctions, mais elle est aussi gourmande en énergie. Apprenez à ménager votre batterie et gagnez en autonomie.

Comment réagir en cas de fonctionnement anormal de l'iPad ? Et comment restreindre l'accès à certaines fonctions ? Ce chapitre se termine par un passage en revue de quelques accessoires utiles.

DANS CE CHAPITRE

- Verrouiller avec un code
- Restreindre l'accès
- Localiser mon iPad
- Augmenter l'autonomie de la batterie
- Mon iPad ne répond plus !
- Quelques accessoires utiles

APPLICATION PRÉSENTÉE DANS CE CHAPITRE

Réglages

Protéger son iPad

L'iPad dispose de plusieurs fonctions de sécurité permettant de protéger les informations qu'il contient. Vous pourrez ainsi tenter d'interdire tout accès à vos données par des personnes non autorisées, voire d'empêcher un appareil perdu ou volé d'être réactivé.

Sécurisez avec un code

Si vous n'avez pas ajouté de code au moment de la configuration initiale de l'iPad, vous pouvez en créer un à tout moment. La configuration d'un code active la protection de vos données. Votre code sera employé comme clé de chiffrement de vos e-mails et pièces jointes. D'autres applications utilisent aussi la protection par chiffrement des données.

1 ▶ Dans l'écran d'accueil, touchez **Réglages**.

2 ▶ Dans la colonne de gauche, touchez **Code**.

 La version 7.0 d'iOS plaçait ce réglage dans la liste générale des réglages sous le nom **Verrouillage par code**.

3 ▶ Touchez **Activer le code**.

4 ▶ Dans la fenêtre qui apparaît, saisissez un code à quatre chiffres. Retapez-le une seconde fois pour le confirmer.

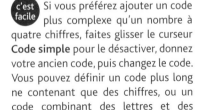 Si vous préférez ajouter un code plus complexe qu'un nombre à quatre chiffres, faites glisser le curseur **Code simple** pour le désactiver, donnez votre ancien code, puis changez le code. Vous pouvez définir un code plus long ne contenant que des chiffres, ou un code combinant des lettres et des chiffres, qui exigera l'emploi du clavier.

5 ▶ Dans la fenêtre Verrouillage par code, choisissez d'autoriser ou non l'accès à Siri en mode verrouillé et activez ou non l'effacement de toutes vos données après dix tentatives infructueuses de saisie du code.

 Attention ! Si vous oubliez votre code, vous devrez réinitialiser votre iPad et le configurer à nouveau. Pour retrouver votre contenu actuel, vous devez disposer d'une sauvegarde de celui-ci sur iTunes ou iCloud (consultez le chapitre 11 pour plus de détails).

Modifiez le délai de verrouillage

Par défaut, l'écran de l'iPad se met en veille au bout de deux minutes et, si un code de protection est défini, celui-ci doit être fourni immédiatement pour déverrouiller l'accès à l'écran d'accueil. Vous pouvez modifier ces deux délais.

1 ▶ Dans l'écran d'accueil, touchez **Réglages ▶ Général**.

2 ▶ Touchez **Verrouillage autom.**

3 ▶ Touchez la ligne du délai choisi. Une coche apparaît à côté de cette valeur.

4 ▶ Pour modifier le délai de requête du code de protection, touchez **Code**.

5 ▶ Saisissez votre code dans la fenêtre qui s'ouvre.

6 ▶ Touchez **Exiger le code**. Choisissez un délai en le touchant, puis touchez **Général** pour quitter la section de verrouillage.

Utilisez les restrictions

Le concept de « restrictions » est équivalent à celui de « contrôle parental » : il vous permet de restreindre l'accès à certaines applications ou à certaines fonctions, comme l'accès aux achats intégrés et le délai d'exigence du mot de passe pour les achats (ces restrictions sont décrites dans la section « Télécharger des jeux » du chapitre 9). Mais les restrictions possibles vont encore beaucoup plus loin : vous pouvez interdire l'accès à des types de contenu spécifiques, ne pas permettre les modifications des règles de confidentialité et du service de localisation de chaque application, empêcher l'appareil de dissimuler sa position, ne pas autoriser l'utilisation des données cellulaires, *etc.*

1 ▶ Dans l'écran d'accueil, touchez **Réglages**.

2 ▶ Dans la colonne de gauche, touchez **Général**.

3 ▶ Faites défiler vers le haut la partie droite de l'écran, puis touchez **Restrictions**.

4 ▶ Si un code a déjà été défini pour les restrictions, saisissez-le. Sinon, touchez **Activer les restrictions** et définissez un code d'accès aux réglages des restrictions. Ce code n'est pas lié au code de verrouillage ; par mesure de sécurité, utilisez un autre code.

5 ▶ Désactivez les applications et les fonctions dont vous refusez l'accès. Vous pouvez ainsi empêcher l'ajout ou la suppression d'applications, par exemple. Dans la section « Contenu autorisé », définissez le type de contenu autorisé, par exemple en empêchant le contenu explicite dans la musique, les livres, et l'utilisation de Siri, ou en restreignant l'accès aux applications, films et séries TV à certains âges. Dans les autres sections, choisissez quelles modifications sont permises dans les services comme la localisation, l'accès aux photos ou au micro, et quelles applications ont accès à ces services.

 Les icônes des applications non autorisées disparaissent de l'écran d'accueil.

 ## Utilisez « Localiser mon iPad »

« Localiser mon iPad » est une fonction qui vous permet de protéger votre iPad et éventuellement de le situer depuis un ordinateur ou un autre appareil iOS. Vous pouvez ainsi verrouiller à distance l'activation de votre iPad, qui ne pourra alors être effacé ou réactivé qu'avec votre code. Pour utiliser cette application depuis un autre appareil, il faut que vous ayez au préalable activé un compte iCloud avec votre iPad et activé la fonction **Localiser mon iPad**. D'autre part, pour que votre appareil soit localisable, il est nécessaire qu'il ne soit pas éteint et qu'il soit connecté à Internet.

1 ▶ Touchez **Réglages** ▶ **iCloud**.

c'est facile Si vous n'êtes pas connecté à iCloud, saisissez votre identifiant Apple et son mot de passe ou créez un nouvel identifiant. Vous pouvez utiliser pour les services iCloud un identifiant différent de celui que vous utilisez pour les achats sur l'App Store et l'iTunes Store.

2 ▶ Activez **Localiser mon iPad**.

c'est facile Pour localiser votre iPad, activez la fonction **Localiser mon iPad** sur un autre appareil iOS, ou accédez à www.icloud.com, entrez votre identifiant, puis cliquez sur **Localiser**. Si l'iPad est localisé sur la carte, vous pourrez le faire sonner, le verrouiller immédiatement en le plaçant en mode « Perdu » et lui faire afficher un message donnant un numéro de téléphone, voire effacer toutes les informations et données qu'il contient. Consultez le service d'assistance Apple pour plus de détails.

Améliorer l'autonomie de la batterie

Les différents modèles d'iPad qui utilisent iOS 7 n'ont pas tous des batteries de même capacité. Selon l'usage que vous faites de votre iPad, sa batterie pourrait se décharger trop rapidement à votre goût. Voici une série de recommandations qui vous aideront à améliorer l'autonomie de votre appareil.

Précautions générales à prendre

- Ne laissez jamais descendre la capacité sous les 10 %. Éteignez complètement l'appareil si vous ne pouvez pas le recharger immédiatement. Laisser une batterie Li-Ion descendre sous le seuil de 5 % peut même devenir dangereux. En revanche, les recharges partielles sont sans impact sur la durée de vie, n'hésitez donc pas à le recharger même si votre temps est compté.

- La chaleur étant la pire ennemie des batteries, évitez le plein soleil et la chaleur, surtout durant la charge (idéalement, restez sous 20°C). Rechargez l'appareil de préférence éteint, ou sinon, utilisez-le le moins possible durant sa recharge.

- Fermez régulièrement les applications ouvertes dont vous n'avez plus l'usage (consultez la section suivante). Si elles sont nombreuses, éteignez l'iPad pour les fermer toutes en une fois.

Servez-vous du Centre de contrôle

Le Centre de contrôle a été conçu pour rendre une série de fonctions très accessibles. Utilisez-le régulièrement pour préserver votre batterie.

1 ▶ Une des premières grandes dépenses d'énergie est l'éclairage de l'écran. Diminuez autant que possible la luminosité de l'écran, vous prolongerez la vie de la batterie.

2 ▶ Réglez aussi le volume sonore au minimum en fonction de vos besoins.

3 ▶ Désactivez Bluetooth si vous n'avez pas d'appareil Bluetooth.

4 ▶ Désactivez AirDrop pour éviter que l'iPad se mette régulièrement à la recherche d'autres appareils.

5 ▶ Désactivez le Wi-Fi lorsque vous êtes hors de portée d'un réseau. La recherche d'un réseau disponible est une opération gourmande en énergie. En revanche, avec un modèle Wi-Fi + Cellular, activez le Wi-Fi si vous vous trouvez dans une zone de couverture d'un réseau afin de l'utiliser de préférence au réseau cellulaire.

6 ▶ Activez le mode Avion chaque fois que vous n'avez pas besoin de connexion (la nuit, par exemple). Le mode Avion consomme moins que le mode Ne pas déranger.

Peaufinez les réglages

De nombreuses options d'iOS 7 sont activées par défaut et beaucoup entraînent la mise en œuvre de services travaillant en arrière-plan. Désactiver nombre de ces options permettra de diminuer la consommation. À vous de choisir quelles fonctions sont importantes et lesquelles sont superflues au vu de vos besoins et de votre style d'utilisation. Ces options se trouvent dans Réglages.

1 ▶ N'utilisez pas de fond d'écran dynamique, surtout pour l'écran d'accueil.

2 ▶ Activez **Général ▶ Accessibilité ▶ Réduire les animations** pour arrêter les animations qui donnent un effet de relief au fond d'écran.

3 ▶ Réduisez le plus possible le délai de verrouillage : **Général ▶ Verrouillage autom.** Si votre iPad est équipé d'un étui avec fermeture magnétique, veillez à activer l'option **Verrouiller/Déverrouiller**.

4 ▶ Si vous n'utilisez pas Siri, désactivez-le : **Général ▶ Siri**.

5 ▶ L'actualisation en arrière-plan des applications peut être extrêmement pratique, mais c'est aussi très dévoreur d'énergie. Touchez **Général ▶ Actualisation en arrière-plan**. Vous pouvez désactiver complètement l'actualisation, ou la laisser activée et sélectionner les applications que vous autorisez à s'actualiser.

6 ▶ Espacez l'intervalle de récupération des données. Dans la fenêtre **Mail, Contacts, Calendrier ▶ Nouvelles données**, désactivez **Push** et choisissez un délai de mise à jour ou sélectionnez **Manuel** pour lancer la recherche lorsque vous utilisez l'application.

7 ▶ Apple aime recevoir quotidiennement des données d'utilisation. Économisez l'énergie de ces envois en activant **Général ▶ Informations ▶ Diagnostic et utilisation ▶ Ne pas envoyer**.

8 ▶ Désactivez le réglage automatique de la luminosité dans **Fonds d'écran et luminosité** et conservez le contrôle complet en réglant manuellement la luminosité grâce au Centre de contrôle.

9 ▶ Réduisez l'utilisation des services de localisation. Vous pouvez désactiver complètement le service de localisation dans la fenêtre **Confidentialité ▶ Service de localisation**, ou le laisser activé et choisir les applications que vous autorisez. Vous pouvez sans remords désactiver tous les **Services système**.

10 ▶ Toujours dans la section **Confidentialité**, touchez **Publicité** et activez **Suivi publicitaire limité**.

11 ▶ Réduisez le nombre de notifications. Touchez **Centre de notifications**, puis touchez chaque application dont vous ne voulez rien recevoir, définissez **Aucune** comme style d'alerte et désactivez **Pastille sur l'icône d'app**.

12 ▶ Si vous avez un appareil Wi-Fi + Cellular, d'autres réglages pourraient améliorer votre consommation d'énergie (la désactivation de la 3G/4G, par exemple) ou ménager votre forfait de données, comme la désactivation des données cellulaires pour les téléchargements automatiques.

Mon iPad ne répond plus !

Le système iOS de l'iPad est très stable, mais il peut arriver qu'une application présente une faille de conception et cesse de fonctionner correctement. Pas de panique ! La plupart du temps, c'est facile à résoudre, il suffit de fermer l'application. Si des problèmes persistent, essayez d'éteindre complètement l'iPad, puis rallumez-le. Commençons par découvrir le mode multitâche.

Utilisez le mode multitâche

L'iPad permet d'ouvrir de multiples applications en même temps. Certaines peuvent fonctionner simultanément, comme Musique ou Minuterie qui travaillent en arrière-plan alors que vous utilisez une autre application. Toutes les applications que vous utilisez restent ouvertes dans le système jusqu'à ce que vous les fermiez et le mode multitâche vous permet d'en avoir une vue d'ensemble.

1 ▶ Appuyez deux fois sur le bouton principal pour afficher l'écran multitâche.

Si les gestes pour le multitâche sont activés, vous pouvez aussi balayer l'écran vers le haut avec quatre ou cinq doigts pour afficher l'écran multitâche.

2 ▶ Pour voir toutes les applications ouvertes, faites défiler vers la gauche ou la droite. Pour basculer dans une application, touchez-la.

Fermez une application

Lorsqu'une application ne réagit plus correctement, commencez par la fermer, puis rouvrez-la.

1 ▶ Appuyez deux fois sur le bouton principal pour afficher l'écran multitâche.

2 ▶ Posez le doigt sur l'application à fermer et faites-la glisser vers le haut. L'application et son icône disparaissent. Vous pouvez fermer trois applications simultanément.

Problème de connexion au réseau Wi-Fi

Si vous avez des problèmes de connexion ou de reconnaissance d'un réseau Wi-Fi connu, commencez par vérifier que le problème ne provient pas du réseau Wi-Fi lui-même et que la connexion Wi-Fi est activée (**Réglages ▶ Wi-Fi**).

Si le problème a l[...]
mer la liste des r[...]
l'iPad.

1 ▶ Dans l'écran d'accu[...]

2 ▶ Dans la colonne de [...]

3 ▶ Faites défiler vers le [...]
Réinitialiser.

4 ▶ Touchez **Réinitialise**[...]

5 ▶ Au besoin, saisissez
votre code de
verrouillage, puis
confirmez la demande
de réinitialisation.

c'est facile Votre iPad relance alors la recherche des réseaux disponibles et vous en propose la liste. Vous devrez fournir à nouveau les mots de passe de tous les réseaux auxquels vous vous connectez régulièrement. Reportez-vous à la section « Se connecter » du chapitre 4.

en 2 étapes Éteignez et redémarrez l'iPad

De temps en temps, il est utile de fermer toutes les applications qui sont restées ouvertes dans la mémoire. Si elles sont très nombreuses, vous gagnerez du temps en éteignant l'iPad, puis en le rallumant. En cas de dysfonctionnement récurrent, c'est aussi la première manœuvre à essayer.

1 ▶ Appuyez sur le bouton **Marche/Veille** jusqu'à l'apparition du curseur rouge. Faites glisser le curseur pour éteindre l'iPad.

2 ▶ Pour le rallumer, appuyez sur le bouton **Marche/Veille** jusqu'à l'apparition du logo Apple. Attendez l'apparition de l'écran de verrouillage.

es utiles

peuvent vous aider à protéger votre appareil ou
oi quotidien.

uhaitez protéger l'iPad durant ses déplacements,
ez-vous un étui de protection. N'hésitez pas à examiner les
odèles disponibles et à tester avant de vous décider. La meilleure
protection est celle qui convient à *votre* manière d'utiliser l'iPad.

- Si vous saisissez souvent
du texte, vous trouverez
probablement très pratique
le recours au clavier externe,
connecté par Bluetooth.
Avant de choisir un étui,
intéressez-vous aux claviers
externes, car ils sont
nombreux à être intégrés
à un étui de protection et
les deux accessoires n'en forment ainsi plus qu'un. Demandez à
essayer avant de vous décider. Vous pouvez aussi trouver des tests
et des comparatifs sur le Web.

- Si vos doigts ne sont pas toujours assurés sur l'écran, un stylet
pourrait vous aider. La gamme de prix est étendue, depuis le
modèle de base jusqu'à la version sophistiquée, permettant aux
artistes de simuler un pinceau. Et l'on trouve même des stylos à
bille avec stylet à l'autre bout !

- Outre le câble de connexion USB fourni avec l'iPad, Apple propose
en option quelques connecteurs supplémentaires : vers un appareil
photo, vers un lecteur de carte SD et vers une prise VGA ou HDMI.
Ces derniers vous permettront d'afficher le contenu de l'écran iPad
sur un moniteur ou un téléviseur (commencez par vérifier les types
de connexion disponibles sur votre écran). Pour toutes les autres
communications de l'iPad vers ou depuis l'extérieur, vous devrez
vous appuyer sur la connexion sans fil par Wi-Fi.

Index

A

accessoires, 202
achat, exiger le mot de
    passe, 194
achat intégré
    App Store, 159
    désactiver, 160
Activer la localisation, 19
adresse de courriel, 75
adresse URL, 64
agenda. *Voir* Calendrier
AirDrop, 50, 71, 138
AirPlay, 50, 120, 138
AirPrint, 71
alarme, 173
album, 134
alerte, 48, 54
Années, 133
annuler, 36
    opération, 79
Appareil photo
    (application), 130
appareil photo iSight,
    130
Apple, identifiant, 97
application
    actualisation, 198
    fermer, 200
    gratuite, 109

    installer, 96
    intégrée, 25
    notification, 56
    rechercher, 96
    supprimer, 53
App Store, 94, 159
    historique, 182
assistant vocal. *Voir* Siri
audition, assistance, 57

B

balayer, 33
Barre d'adresse, 66
barre d'état, 23
batterie. *Voir* recharge
    autonomie, 196
bibliothèque, 102, 106
    musique, 114, 116
    vidéo, 123, 126
Bluetooth, désactiver, 50
boussole, 166
bouton
    latéral, 28
    principal, 27, 38
bouton Veille/Éveil, 28
    éteindre, 30
brouillon, 82

C

cadrage, 132
Calendrier, 175
caméra, 130
    FaceTime, 130
capture d'écran, 133
caractère accentué, 41
carte, 166
carte
    repère, 168
    SIM, 28
Cci, 81
CD audio, transférer, 114
Centre de contrôle, 49,
    120, 119, 174
Centre de notifications,
    55
chronomètre, 174
clavier, 39
    barre d'espace, 41
    externe, 202
code, 20, 192
    oublié, 193
Collections, 133
compte
    Apple, 74
    Mail, 75
configurer Mail, 75

connecteur
    iPad, 202
    Lightning, 27
contact
    ajouter un expéditeur, 79
    ajouter, 88
    attribuer une photo, 139
    envoyer un courriel, 90
    VIP, 79, 84
Contacts (application), 87
contrôle parental, 194
contrôle vocal. *Voir* Siri
correction de texte, 41
courriel
    adresse, 75
    brouillon, 82
    choisir un destinataire, 91
    composer, 81
    comptes multiples, 83
    créer une adresse, 75
    insérer une photo, 81
    pièce jointe, 78
    rechercher, 84
    récupérer, 86
    répondre, 80
    signature, 86
    supprimer, 85
    transférer, 81

D

Dailymotion, 127
dépannage
    application, 199
    Wi-Fi, 200
déverrouillage, 21
diaporama, 136
dictionnaire, correction, 41
dock, 24, 51
dossier, 52

E

écarter, 34
écran
    capturer, 133
    déverrouiller, 21
    verrouillé, notifications, 55
écran d'accueil, 22, 38 52
    réinitialiser, 53
éteindre, 29
étui de protection, 202
événement. *Voir* Calendrier
    enregistrer, 175
Excel, 180
exposition, verrouiller, 131

F

Facebook, 146
    applications synchronisées, 147
    déconnecter, 146
    géolocalisation, 147
    publier une photo, 138, 155
FaceTime, 92
faire glisser, 32
fichier MP3, 114
film
    acheter ou louer, 123
    regarder, 126
fond d'écran, 46, 139
    modifier, 139

G

Game Center, 162
gestes pour le multitâche, 200
Google, 65
GPS, 167, 170

H

HDR, 132
historique, Safari, 70
Horloge (application), 171

I

iBooks, 101
    confort de lecture, 105
    historique, 182
    installer, 96
iCloud, 182
    blocage, 187
    créer un compte, 182
    iPad perdu, 195
    notes, 178
    ou iTunes, 186
    partager des photos, 138
icône
    déplacer, 51
    dossier, 52
identifiant, 19
    Apple, 97, 195
    iCloud, 182, 195
importer
    film et vidéo, 123
    musique, 114
imprimer
    itinéraire, 170
    photo, 139
Informations de l'iPad, 185
Internet, connexion, 62
iPad
    espace mémoire, 124, 185
    restaurer, 189
iPhoto (application), 143
iSight, 130
itinéraire, 168, 169
iTunes, 114
    enregistrer des photos, 185
    formats de fichier, 123
    ou iCloud, 186
    restauration, 185
    restaurer la musique, 186
    sauvegarde automatique, 186

sauvegarde manuelle, 186
synchroniser la musique, 115
iTunes Store, 117
historique, 182

J

jeu, 157
suggestions, 162

K

Keynote (application), 180
Kiosque, 106, 160

L

liste, 178
liste de lecture, 120
page Web, 69
livre
électronique, 101
extrait, 102
placer un signet, 104
télécharger, 101
localisation, 198
activer, 19
Plans, 166
rappel, 179
Localiser mes amis (application), 170
Localiser mon iPad, 187
luminosité, 49

M

magazine, 107
Mail, 74
choisir un destinataire, 91
configurer, 74
orientation, 77
outils, 78
réglages, 87
majuscule, verrouiller, 40
message sonore, 48
Message, envoyer une photo, 138

Messages (application), 91
minuteur, 50, 174
mise au point, 131
MMS, 91
mode
Avion, 50, 197
multitâche, 39, 199
Moments, 133
Mon flux de photos, 139
mot de passe, sauvegarder, 185
multitâche, 39, 199
gestes, 37
musique, 114
extrait, 118
liste de lecture, 120
pour s'endormir, 175
restauration, 185, 186
télécharger, 117
Musique (application), 118

N

navigation, 63
privée, 71
Ne pas déranger, 50
Notes (application), 177
notifications, 54
Numbers (application), 180

O

onglet
iCloud, 66
nouveau, 66
ordinateur
sauvegarder avec iTunes, 185
transférer des photos, 140
orientation
bloquer, 36
verrouiller, 50

P

Pages (application), 180
page Web
adresse, 64
imprimer, 71
Lecteur, 68
lire hors connexion, 69
rechercher, 64
partage, 43
à domicile, 115, 125
photos, 137
Safari, 66
paysage, 35
Pellicule, 134
sauvegarder, 183, 186
personnalisation, Mail, 86
photo, 130
album, 135
déformer, 142
diaporama, 136
en rafale, 131
enregistrer dans l1iPad, 185
importer, 140
insérer dans un courriel, 81
iPhoto, 143
partager, 137
publier sur Facebook ou Twitter, 155
recadrer, 142
supprimer, 136, 140
transférer automatiquement, 139
tri, 133
zoomer, 131
Photo Booth (application), 142
Photos (application), 133
utiliser en fond d'écran, 48
pièce jointe, 78
pincer, 34

Plans (application), 166
portrait, 35
PowerPoint, 180
présentation, 180
protection, 192

R

radio, 122
rappel, 179
Rappels (application), 178
recharge, 29, 196
recherche, 44
　application, 96
　App store, 159
　contact, 90
　courriel, 84
　Internet, 64
　musique, 117, 119
Recherche dans l'iPad, 90
redémarrer, 201
réglages, sauvegarder, 183
Réglages
　achat sur App Store, 160
　espace disponible, 185
　Fond d'écran, 46
　iTunes Store et App Store, 183
　notifications, 55
　réinitialiser, 188
　Restrictions, 160, 194
　Sons, 48
　verrouillage, 193
réinitialiser, 187
renommer, 52
répondre à un message, 80
réseau social, 154
restaurer, 189
restrictions, 160, 194
retouche de photo, 141
réveil. Voir alarme

S

Safari (application), 63
　envoyer une adresse, 71
　Lecteur, 68
　outils, 66
　publier sur Facebook ou Twitter, 156
sauvegarde, 182
　code oublié, 193
　détails, 186
　iCloud, 183
　Options de sauvegarde, 184
　restaurer, 189
　supprimer, 187
secouer, 36
sélection, 42
série TV, acheter ou louer, 123
service de localisation, empêcher les modifications, 194
signature, 86
signet
　ajouter, 68
　carte, 169
　Safari, 66
Siri, 59
　activation, 59
　démarrer, 39
　publier sur un réseau social, 157
　rappel, 179
site Web, 61
SMS, 91
son, 48
sonnerie, 48
statut Facebook, 149
stylet, 202
supprimer
　application, 53
　courriel, 85
　photo, 136
synchroniser, 115, 182
　vidéo, 124

T

tableur, 180
télécharger de la musique, 117
texte
　accents, 41
　saisie, 39
　sélection, 42
toucher, 32
traitement de texte, 180
transférer
　CD, 114
　message, 81
Trousseau iCloud, 185
tweet
　lire, 153
　publier, 154
Twitter, 151
　déconnecter, 153
　publier une photo, 138, 155

U

USB, 29

V

veille, musique, 120
verrouillage, 21
　ae/af, 131
　code, 192
　mode Majuscule, 40
　modifier le délai, 193
　orientation, 50
vidéo, 132. Voir aussi photo
　extrait, 142
　iMovie, 144
　logiciel de conversion, 124
　raccourcir, 142
　site de partage, 127
Vidéos (application), 126
VIP, 79, 84
visioconférence. Voir FaceTime
vision, assistance, 57
volume, 28

W

Wi-Fi
    activer, 62
    désactiver, 50
    problème de
      connexion, 200
    synchroniser, 116

Y

YouTube, publier une
    vidéo, 138

Z

zoom, Safari, 67
zoomer, 34, 132